Kさんとの対話から

〝こころのゆれ〟が語るもの

――どんなあなたも、輝くあなた――

赤羽潔

22世紀アート

まえがき

1

本書は、若者たちと編み上げたものを、Kさんに語り返すという形でまとめてみたものです。若い方々のジレンマに満ちた〝こころのゆれ〟が語りかけているものに、臨床教育学の視点からスポットを当てて言葉にしようとしたものです。

私は、これまで多くの若者たちと語り合う機会に恵まれてきました。時には、踏み込んだ『対話』を重ねることもありました。そのなかで強く感じたことがあります。それは、若者たちの内面には『現代』の矛盾が様々なかたちでこめられているということです。若者たちの精神《こころ》の深層には、『不安』や『劣等感』『自己否定感』が容赦なく忍び込んでいる、ということです。しかも、それらは、時には能面のような無表情の身体に深く覆い隠されていることもありました。あるいは、一見の明るい笑顔の語らいや楽しいふれあいによって厚く隠されていたこともありました。

そして、そこにかかわってみると、どんなに表現形態が異なっていようとも、それぞれに消しがたい『傷』に支配されているという共通点がありました。同時に、もだえるような「あがき」や「吐き出し」

的な言動や深い沈黙のなかで、『生』への熱い願いが生きてもいました。しかも、その実質は、『現代』の矛盾を心身の諸層に引きうけ、**内側から侵食された『自己』を奪還・再生しようとするもの**でした。この意味で、それらはいずれも、「どのような状況のなかにあっても自分の納得できる人生を歩みたい」との強い人間的願いに支えられた、『苦闘』の姿とも言えるものでした。

幸いにも、私はそれらと常に出会うことができました。それほどに互いに深部で向かい合うことができていた、ということなのかもしれません。それは、別途著した『僕はこのままでは死を選ぶ』(22世紀アート)に見られるように、私の未熟さゆえに、一人の若者を『死』に追いやってしまったという過ちを含めてではありますが。(本書は、その克服課題の上に立てられた、理論的総括としての『対話』の書です。)

私は言いたいと思います。若者たちは、いま、**未来の見える『対話』**をあらゆるところに向けて求めている、と。たとえ、それと意識せずとも…。

2

そして、この文章は、そんなことを教えてくれた若者たちの一人、Kさんとの『対話』を、手紙の語りとして開いたものです。一八歳からのKさんとのかかわりの過程を経て達した、希望へと転ずる大きな節目としてのKさんのメモに応えたものです。Kさんが二〇歳のときでした。

Kさんは、思春期から青年期に「渡る」とき誰もが抱える葛藤に重ねて、かなり激しい**「人間不信」**を抱えていました。そして、そんな自分を見つめて苦悩していました。「人間なんて誰も信じられない」という叫びにならない叫びを、日々発しながら。しかしまた半面で、かたくなにそれらを押し隠してもいました。さらには、押し隠しても漏れ出すその叫びに自ら脅えながら生きていました。いつもポケットにしのばせていたナイフを握りしめて、感情をコントロールしながら。

その姿のなかで、確かと思われたことがあります。Kさんが「人間なんて信じられない」と叫ぶ時、それは**「人間を信じたい！」**という強い願いの表現でもあったということです。それほどに、生きることに誠実に向かい合っていたKさんだったということです。ですから、私はKさんと〝とことん〟『対話』することにしたのです。そのかかわりのまとめとなったメッセージが、本書の元になったKさんのメモとそれに対する私からの手紙です。


本書は、若者の内面に根深く棲みついた「劣等感」の解析のための示唆を、読者の方々にある程度お届けできると思います。また、それ以上に、どんなに不器用でも、叫びの本質さえ受けとめていれば、相互の意志は結構通じ合うものだということを分かっていただけると思います。

ただ、何といっても人と話すことの苦手な私です。ですから、〝かたくな〟な論理に〝かたくな〟にしがみついて『対話』をしてきた、という側面も否定できません。一面の強迫性もあったでしょう。しかし、何かを伝えるということは、その強迫性に自ら脅えることではないと思います。むしろ、『対話』をとおしてそれを批判的に超えることを自らに求めることであると、私は考えています。その点も読みとっていただければ幸いです。

3

本書を読んでいただく際の一つの工夫として、勝手に日割りで区分けしてみました。三一日間かけて読めるようにと、日割りにしてみたのです。論理が入り組んでいるところもあるからです。

もちろんのことですが、日割りの区切りを一つの目安にしていただき、**思考の散歩**をしながら自分を見つめる素材・自他の対話の素材にしていただければ幸いです。若い方々には、きっとかけがえのない自分を発見する**『知的対話相手』**を見つけていただけるだろうと思います。また、かつて若かった方々には、昔の若者と今の若者の間に架け橋をかける**『知的協力者』**を自分のなかに見つけるきっかけにしていただけるだろうと思います。二一世紀を『誇り』ある自分として生きるための支えとして、本書の論を汲みとっていただければ幸いです。あるいは、自他理解の開拓を進めるための**『知的窓口』**として、生活の片隅に置いて、時々開いていただければ幸いです。

ともあれ、本書は、確かさときめの細かさにおいて、読者との**『対話』**によって共同的に読みひらかれ、補完され、成熟させていただくことを予定しています。そのために、私独自の造語（概念枠）も多用しております。現代の若者との対話による**『未来創造』**が、本書のテーマだからです。

なお、本文のなかでキー・ワード、キー・センテンスは、『　』や太字で示しました。読者の方々との生きた対話が、『読み』のなかに拡がることを期待しております。

目次

Ⅰ　一枚のメモが開かれた

（読書：第１日）

１　「劣等感」の素顔

「人間なんて信じられない」と言っていたKさん。**金力**と**権力**と、そして**腕力（暴力）**しか信じていなかったKさん。そんなKさんが、ながい苦悩の過程を経て、自らの世界を語るようになりました。語り重ねて二年と数ヶ月経ったある日、Kさんは一片の紙を無言で私にさしだしました。それは、ながい苦悩の過程を経て、青年期を自分で創りはじめたKさんを語るメモでした。次の文章です。

＊　＊

《劣等感（コンプレックス）》

私には、明らかな、大きな劣等感がある。それは、きっと努力すれば消えるものと思う。しかし、それが消えた時、一体私はどうなるのだろう…？

私の内の〝影〟としてマイナス面を負っていた、その劣等感が消えてしまえば、私のマイナス面はどこに行くのだろうか？　——新たなる劣等感が生み出されるのか…？

《二面性》
些細なことで怒りまくり、暴言を吐き、あたり散らすのも自己。それをおくびにも出さないのも自己。さらにこの二面を上手く使い分けるのも自己。（今これを書いているのはどの自己か？）ムラのある性格というよりは、この三つは独立したパーソナリティーのよう。

《自己中心的》
ワガママ、甘ったれ、自分勝手、嘘つき…。〝優柔不断〟が最たるものか。自分さえよければいい、のか？　ハッキリ言えないのは優しさでも何でもない。失うのが恐いだけ、嫌われるのが恐いだけ。一度自分がひどい傷を負えばいい。何もかも、膿を出すように、吐き出してしまいたい。

《矛　盾》
人を信じることが恐い。裏切られるのが恐い。何故だろう…？
一人は寂しい。けど、他人と関わるとうっとうしくなる。それは多分、自己が確立していないから。
他人の言う事に従いたくない。でも、人一倍他人の評価が気になる。自己がない。

裏切られた時、私には戻る場所がない。元気づけて、慰めてくれる人がいない。私には私しかいない。甘えだろう。〃良い子は脆い〃の本質を己に見る。

《言　葉》

事実を語ることに、なぜ屈辱を感じるのだろう？（屈辱…とも違う）自分の語ることに対して自分が抵抗して、（上手く表現が出来ないけれど）自分の内部に全く相対するバックファイヤーが生じる。それが吐き出すような言葉となる。その言葉の強さに、一層あおられて激しくなるのは自分の言葉。しかもそれが向くのは、自分にとって大切な、近い人々。気のおけない人々…。

＊　＊

少し痛々しさを感じさせるところもあるメモです。自分を問うことが自分を責めることになっているからです。が、それ以上に注目したいところがあります。それは、正面から自身を見すえていることです。

ここに使われている言葉は、決して**感情の発露の道具**になりさがってはいません。感情のなかにこめられた論理や構造を、Ｋさん自身の言葉によって丁寧に汲みとろうとしていることがわかります。そして、そこに自分の未来を読みとろうとしているＫさんが見えてきます。

ですから、私はＫさんに応えたいと思います。Ｋさんの語りのなかの**意味世界**を、Ｋさんと一緒に考え、そして確かめてみたいと思います。

２　〝Ｋさん発〟の一歩を

そう言いながらも、ちょっとためらいも出ています。

「Ｋさんのメモに対して私なりの見解を届けたい」と考えつつ、また、「私の応答は、Ｋさんの心に新たな負担を重ねさせてしまうかもしれない」とも考えてしまうからです。「相手の見解に応えなければならない…」そう考えて気を重くしてしまう誠実なＫさんの姿が、イメージのなかに浮かんでくるからです。さらには、「うまく応えられない！」と、悶々としてしまうＫさんの姿が浮かんでくるからです。

だから言いたいのです。「相手の見解に応えなければならない…」などと考える必要はない、と。大切なのは、ここにある**二つの事実**です。一つは、「Ｋさんが自分を見つめた」という事実です。そしてもう一つは、その事実をこうして確かな言葉の世界にまで結んでいったという事実です。この二つの事実の重なりによってこそ、Ｋさんの確かな一歩となって飛び立つ**『今』がある**のですから。

ですから、Kさんに言いたいと思います。向けられるさまざまな声やまなざしに対して、すぐに応えようとする必要はない、と。ましてや、それらの声やまなざしに縛られる必要などないのだ、と。Kさんが**『自分の一歩』『今』の上に立ってこそ、Kさんは Kさんになる**ことができるのです。そして、当然のことながら、そこからしか〝Kさん発〟の二歩目も三歩目も踏み出されはしないのですから。言うまでもなく、**Kさんの人生の主人公はKさん自身**です。ですから、決してアウトサイダーの反応に縛られる必要はないのです。

ということで、やはりこのままつづけましょう。Kさんの一歩を、真に大事にするために。

ただ、Kさんの問いに応えていくのには、かなりの時間がかかるでしょう。そこで、先のメモをいただいたときにお届けしたKさんへの手紙を骨格として、そこに新たな肉付けをしつつ、私なりにKさんの生きている世界を読み解いてみたいと思います。そして、そこにKさんの未来を一緒に展望してみたいと思います。

Ⅱ　「劣等感がある」と「劣等感をもつ」の違い

1　「ある」と「もつ」の違い

（読書：第2日）

Kさんは、メモのなかで次のように言っています。

「私には、明らかな、大きな劣等感がある。それはきっと努力すれば消えるものと思う。しかし、それが消えた時、一体私はどうなるのだろう…？
私の内の〝影〟としてマイナス面を負っていた、その劣等感が消えてしまえば、私のマイナス面はどこに行くのだろうか？　――新たなる劣等感が生み出されるのか…？」

Kさんは、自分には「明らかな、大きな劣等感がある」と言います。しかし、「劣等感」は**ある（在る）もの**ではありません。Kさんのなかに**生み出されたもの**です。その結果として、Kさんが**持たされてしまったもの**です。こうして、**持っているもの**です。したがって、課題は、それをどう受けとめればよいか。また、どうしたら手放すことができるかということなのです。これは、『主体』としてのKさんを過去・現在・未来に見る視点です。

ですから、いまのKさんに必要なのは『責め』ではありません。「どう受けとめればよいか」「どうしたらそれを手放すことができるか」という問いに沿って、**『探究』の道を歩むこと**です。そうしてこそ、「大きな劣等感がある」という実感にこめられた痛切さを受けとめることができ、『生』に向かうことになるでしょう。そして、その上に立ってこそ、自身の未来を語ることができていくでしょう。このように考えられます。

とはいえ、それは容易なことではないでしょう。しかし、Kさんの内奥には、そのような歩みを支える『知性』が生きています。その知性をKさんの心身に開いていくことが、いま課題となっているのです。そして、そのことが、青年期に生きて「劣等感」と向かい合うKさんの様々な表現の中に語られているのです。Kさんのメモは、その確かな一歩です。

私は思います。何に対してであろうが、私たちは『主体』としての自己の視点からものごとを論じることが必要である、と。それなくしては、**諦める未来**は語れても**拓く未来**は語れない、と。そして、「劣等感」もまた、単なる放逐の対象として忌避《きひ》されるのでは浮かばれない、と。なぜなら、「劣等感」なるものの本性は、生きて向上する自己を求めているからこそ生じてくるものだからです。

2　もう一人のKさんの登場

Kさんの生きてきた過程には、「大きな劣等感」を持たざるをえない必然性がありました。「よい子」を求める周囲のまなざし。それに沿わなければ人格の根底までをも否定されかねない、一見暖かくも、本質的には冷酷といわざるをえないまなざし。それらのまなざしに包まれて、すくみこんでしまったKさん。それを叱咤激励《しったげきれい》して、強い自己を求めているもう一人のKさん。にもかかわらず、それに応えられないという状況。

「劣等感」を生み出す関係構造は、このようなものであると考えられます。また、そこには、他の人よりできないと「恥ずかしい」、「情けない」、「そんな自分なんてだめだ」という言葉に結びつけさせてしまう**文化構造**があるはずです。ですから、Kさんの日常は、きっと次のようになっていたでしょう。

楽しくない。気楽になれない。バカを言えない。常に、「優秀」「強さ」「しっかり者」を求める他者《ひと》の評価枠から出られない。そんな『安心』のない日々。そのなかで、未熟な自分がひそかに心をこめて『弱い』自分を認めようとしている。それはささやかだけれど、自分なりの心身を賭けての試み・歩みであるにちがいない。

なのに、またしても自分の強迫的言動にその試みや歩みが塗りつぶされる。容赦なく重たさがしのびこ

んでくる。楽しさや喜びをもって一歩を受けとめることなど、決して許されないかのように。だから、「現在《いま》」の自分を『肯定感』をもって受けとめることなどできない。「こんなのイヤダ！」と、いつも思う。が、どうしてもそこから抜け出せない。抜け出し方がわからない。

このような精神《こころ》の動きがKさんのなかに洞察されます。そうだとすれば、Kさんの「劣等感」は、**人格疎外をもたらす文化構造**につつまれていたことによる必然の結果です。

しかし、それだけではありません。ここには劣等感を持たせるような文化構造を見すえ、そこにはめこまれた自身を正面からみつめる、もう一人のKさんが登場してきています。過去のKさんを受けとめなおそうと努力しているKさんです。（ですから、先のメモに見られるような言語表現によって、Kさんは自己を映し出すことができたのでしょう。）

こうしてみると、Kさんの「劣等感」は、次の二面を反映したものであると言えます。

（1）一面は、過去の強迫的関係を基調とした世界が生み出したものです。

（2）もう一面は、その困難のなかでKさんを突き動かし、生き抜くKさんを育て、未来を見つめるまなざしにこめられたエネルギーです。

この両面の狭間で『生』の転換点に立っているのが、冒頭のメモを書いたKさんです。自己への問いを立てているKさんです。

3　『強迫圏』から『自己実現圏』へ

こうして見ると、「一体、私はどうなるのだろう?」というKさんの『問い』の位置が、はっきりと見えてきます。Kさんの問いは、**生きて未来に向かう『知的使者』**からの問いです。「どうなるかわからない」という不安を際限なくふくらませるような、どうどうめぐりの問いではありません。また、「どうにもできない」という自己否定のくさびを、自らの内に深く刺しこむ問いでもありません。Kさん自身の未来への扉を、自らノックする問いです。

これまでは、苦しみながら生き抜いてきたKさんでした。これほどまでに根深い「劣等感」を生み出すような、『脅迫・強迫文化』にさらされつづけてきたKさんです。そのKさんが、そのなかにどっぷりつかりながらも、人知れずそれに抗《あらが》いつづけてきたのです。そして、その内側で「一体、私はどうなるのだろう?」という未来につながる問いを表現するちからを育ててきていたのです。だとすれば、その問いの実相は、人の『生』を開拓する『文化としての問い』であるといえます。Kさんはいま、この問いによって、**閉じた自己から開かれた自己へ**の転換を試みているのです。そして、『問いの文化』をさらに大きく拡げようとしているのです。それは、人生の創造的展開を開始したKさんの誕生の姿であるといえましょう。

もちろん、まだ、その一歩に過ぎません。しかしそれはまた、確かな一歩であることもまちがいありません。そうだとすれば、Kさんの「劣等感」は、必ずやKさんの**『努力』**によって消えていくでしょう。組み変えられていくでしょう。まずは、そういってよいと思います。

その上で、より厳密に言えば、「劣等感」は消えるのではありません。Kさんのなかに生きながら、「劣等感」としたたかにつきあえるKさんの成長を**内側から支えていく**のです。それによって、「劣等感」もまた、Kさんの『生』の歩みを支える一部として認知されていくのです。そして、やがてKさんは、自分のなかにあった「劣等感」を笑顔で語るところまでいくのです。こうして「劣等感」は消えるのではなく、『生』の上でその位置を転じていくのだと考えられます。

このように、Kさんの抱いた「劣等感」は、依然としてKさんのなかに生きつづけていくでしょう。Kさんの**未来の幅**を支える担い手として。また、Kさんの生きた証として。

ともあれ、Kさんは自己の否定面にこだわり、それに囚われていました。が、そうしながらも、「劣等感」で包んでいる事実に、そして「劣等感」に包まれている事実との対話に、自己をいざないはじめています。こうして、自己を支配する「劣等感」から離脱する試みを、具体的・実践的に展開していこうとしています。これは、**『強迫圏』から『自己実現圏』への移行**です。この移行を通して、Kさんは「劣等感」の位置を積極的なものに転じていくのです。

4 「劣等感」とつきあう

(読書：第3日)

「劣等感」から離脱しようとしてきたKさんの試み。それは、はじめは、ほぼ完璧な自己隠蔽《じこいんぺい》(自分を周囲の目から隠す試み)としてあったと考えられます。まじめで、素直で、実直な**『仮面』**をかぶることによって、徹底して優等生を演じてきたKさんだったからです。が、そのなかで、状況は次第にKさんを縛って離さないものになりはじめていました。Kさんは、その仮面に囚われ、周囲はそのような見方でしかKさんとかかわってくれなかったからです。こうして、Kさんは、まじめで、素直で、そして実直な仮面から自己を切り離せなくなってしまったのです。仮面の世界に自己を閉じ込めてしまったのです。自分につける仮面ではなく、逆転して**仮面につける自分、仮面に従属する自分**になってしまったのです。(『仮面』論は、X—6〜8で別途に展開します。)

しかし、深層に生きるKさんは、そんな世界から自己を解き放ちたいと思っていたにちがいありません。Kさんは、他者《ひと》のまなざしに自分が縛りつけられていることに耐えられなかったのでしょう。それほどに、Kさんは成長を遂げていました。ですから、一定の段階であがきを表出しはじめたのです。

そのあがきのエネルギーは、三つのベクトルに沿って発動されていたようです。

第一は、ときとして突き出されていた攻撃的な言動です。
第二は、そのような自分から離脱しようとして噴き出され放出されたエネルギーです。
第三は、一転して、激しく自己を抑制し、自分を責めたてるエネルギーです。

この三つのエネルギーの混合のなかで、Kさんのあがきは激化していったのでしょう。

ですから、自己抑制が切れたときのKさんの言動は、以前より一層激しいものとなりました。そして、その感情表出は、「気のおけない人」に対していっそう激しくぶつけられていきました。さらには、感情の溢れ出しに触発されて、より激烈な言葉を相手にぶつけていきました。そしてまた一転して、そんな自分を責め立て、痛々しく反省するKさんに戻っていったのです。Kさんの自省の弁は、そんなことの繰り返しを語るものでした。が、それでもなお、そのあがきや揺れを隠して、友達ににこやかに向かおうとするKさんがいました。

こうしてKさんは、**表層の自分と深層の自分**を向かい合わせつづけてきたのです。激烈な言動を吐き、あたり散らす自分を突き出しながらも、前に歩みつづけてきたのです。そして、このあがきをくぐり、やがては安心できる人に語りかけることのできるKさんとして登場するところまで、自ら進んだのです。そこまで歩みつづけたのです。その到達点のひとつが、先のメモです。

なんと激しく、かつ長い道のりだったことでしょう。そのあがきの歩みは、おそらく小学校中学年ころから始まっていたものと思われます。そのなかで、苦悩の深化とともに、そこからの離脱の願いも深まっていったのでしょう。また、それに伴って、Ｋさんのあがきは一層深刻化していったのでしょう。こうして、Ｋさんを支配する「劣等感」から離脱しようとする試みは、ついに、私と語り合うかたちで、本格的に「劣等感」をみつめる段階に至ったのです。

あるものをみつめることを**対象化**と言います。Ｋさんによって対象化されたＫさんのなかの「劣等感」は、一体どうなっていくのでしょうか。これは、Ｋさんから問いかけられた問題です。そこで、私は応えます。先述のように、「劣等感」はＫさんのなかに生きつづけていくものだ、と。そうしながら、今度は、Ｋさん自身を内から支えるものとして、その位置を新たにしていくだろう、と。それが、私の視点から展望されるものです。（その必然性については最後に展開します。）

ともあれ、Ｋさんのなかでは、いよいよ**自己破壊的自己否定**から未来を求める**弁証法的自己否定**への転籍がはじまったようです。そこで、Ｋさんのメモをてがかりに、さらに『生』のしくみを探りこんでいってみたいと思います。

Ⅲ 「二面性」を問う

1 パーソナリティーの構造

（読書：第４日）

第二の議論は、性格の「二面性」ということについてです。この点について、Ｋさんは次のように言っていました。

「些細なことで怒りまくり、暴言を吐き、あたり散らすのも自己。それをおくびにも出さないのも自己。さらにこの二面を上手く使い分けるのも自己。（今これを書いているのはどの自己か？）ムラのある性格というよりは、この三つは独立したパーソナリティーのよう。」

ていねいなまとめです。ここには、感情を吐き出すＫさんの姿はうかがえません。それだけに、この文面は多くを語っています。その語りを、私の目で読み解いてみたいと思います。

Ｋさんは、このまとめのなかで三つの「自己」ついて述べています。が、実は、ここにはもう一人の「自己」も語られています。すなわち、次の四人のなかの第四のＫさんです。

①「些細なことで怒りまくり、暴言を吐き、あたり散らす」Kさん。
②「それをおくびにも出さない」Kさん。
③「この二面を上手く使い分ける」Kさん。
④さらに、「今これを書いているのはどの自己か？」と問い、三人の自己を見つめる第四のKさん。

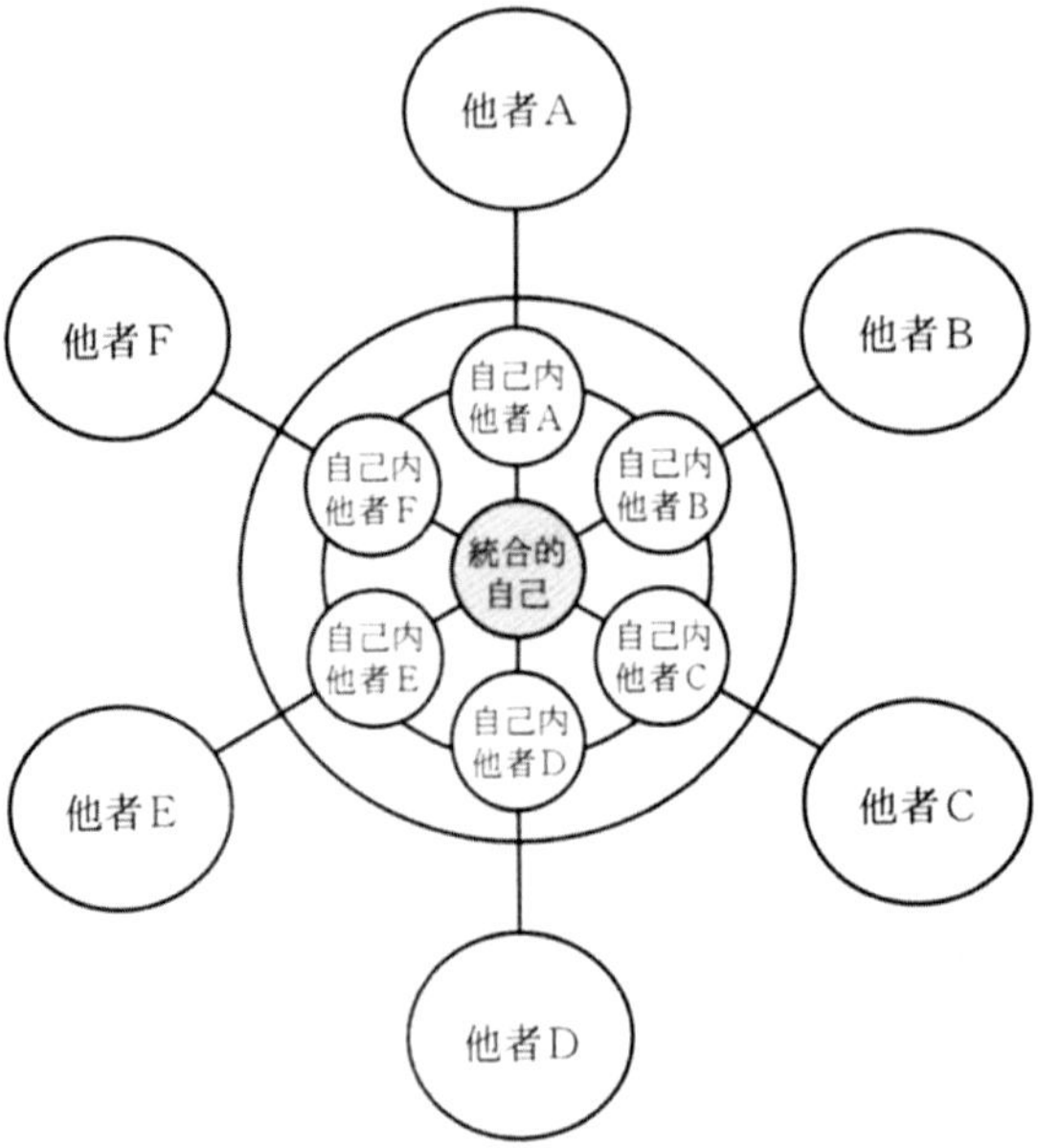

【図１】「多面的自己」と「統合的自己」

この第四のKさんの位置をハッキリさせるために、四人のKさん（Kさんの四局面）それぞれについて、論究してみたいと思います。それは、**『主体』としてのKさん**を語る上で必要だからです。また、Kさんの内側と外側のつながりがどうなっているかを解明する支えの一つが、ここにあると思われるからです。

まず一般論で言えば、現実のなかにはいろいろな状況があります。いろいろな人が生きています。しかも、それぞれの人が、それぞれに自分の世界をもって生きています。そして、私たちは、このような現実のなかの一人として生きています。それが、素朴にして厳然たる事実です。

しかし、具体論・現実論としては、「いろいろな人が生きている」と言うだけでは無意味です。状況は、社会的現実として、具体的なレベルで私たちのなかにつながっているからです。しかも、そのなかで、私たちは個性を尊重されるべき『主体』として生きているからです。

こうして、私たちは他者《ひと》と向かい合い、そしてかかわりながら受けとめ、自分の中身を相互に豊かに拡げて、自分を創っていきます。そして、多くの他者《ひと》をとりこんだ**多面的自己**として登場してきます。

しかし、これだけでは自己分裂を起こしかねません。そこで、そうならないように、私たちのなかではさまざまなかかわりに対応する「自己」が働いていきます。そうして、それぞれの多面を自分のなかでつなげながら、そのつながりの焦点となる「自己」を統合的・統一的なものとして生み出していくのです。これが、**統合的・統一的自己**と呼びうる安定的な自己です。【図1】

こうして私たちは、無数の顔を持つ多面的自己（多面的自己内他者）の誕生と登場を受けながら、それぞれの顔の間の矛盾と対面しつつ、自分の『生』を統合的・統一的に編み上げていくのです。喜びだけでなく、悩みや葛藤も含めた豊かな**自己内対話**を開き、また拓きつつ。こうした**自他共同のいとなみ**によって、自己の成長・発達の過程を未来展望的なものにしていくのです。

このように考えると、無数の顔を持つ多面的自己は、次の四つの顔を持つ自己に集約することができます。

①自分の内側から湧き立つものに従う『感情的自己』。
②自分とは異質な世界に生きる他者《ひと》に自分を合わせようと無理してしまう『統制的自己』。
③異質な他者《ひと》との間を思考レベルで呼吸を合わせて往き来できる『理知的自己』。
④さらには、これらが「自己」のなかで矛盾なく統一される道を探る『知性的自己』。

これらは、私の名づけです。面白いことに、これらはKさんの示している四人の姿に符合しています。重ねてみましょう。

感情を突き出し（**感情的自己**）、他方でそれを理性的に隠し（**統制的自己**）、うまくそれらを使い分けながらしたたかに歩み（**理知的自己**）、それらを見つめるなかで「自己」の本質を見定め生かそうとする（**知性的自己**）。そんな四人の「自己」が、Kさんのなかにもいるのです。いまはまだ、相互の間に常に『無理』が介在しているという状況ではありますが。

ともあれ、KさんをKさんたらしめることを支えているのが、Kさんの示しているこの四人の「自己」であると、私は見ています。

2　抑圧との闘い

そこで、この四人の自己の世界を、さらに深くKさんに引きつけて考えてみましょう。すると、もっと面白いことがわかってきます。

まず、「些細なことで怒りまくり、暴言を吐き、あたり散らす」第一のKさん（感情的自己）が登場します。それは、他者《ひと》とうまく向き合うことのできないKさんです。そこには苦悩があります。そして、その苦悩を超えようとするところに、他者《ひと》と向き合おうと努力する第二のKさん（統制的自己の一面）が登場するのです。が、そのなかには、「向き合わなければいけない」との強い思いに囚われているKさん（統制的自己の他面）がいます。ですから、Kさんは他者《ひと》と向き合っているかのように装いつつ、無理に無理を重ねていくのです。そして、この努力と無理の絡みのなかで、第一の感情（怒り）的自己としてのKさんが第二の自己の統制力をはねのけて、より大きく登場させられてしまったのです。

そんなKさんがもつ怒りの実相は、何よりもそのような反応をしてしまう自身に向けられたものであったようです。そのために、「些細なことで怒りまくり、暴言を吐き、あたり散らす」ほどの激しさが突き出されたのでしょう。そこには、内容の『理』に沿って次のステップに自分を移行させることができないであがいていたKさんがいます。それが、怒りを「吐き出す」ことしかできなかったKさんです。

加えて、そんな自身をなじってしまったKさんがいます。そして、それを自分の「性格」と認め、諦め、さらには自らに憎悪さえ抱いてしまうKさんさえもが、そこにはいたのです。

しかし、Kさんはそこにとどまってはいませんでした。現実のなかで生きていくために、何らかの方法で**自己転換**しようと試みていました。しかも、混迷や葛藤や感情的発露を「おくびにも出さない」で、次のステップに移行する道を探してもいました。

そこには、「自分を他人の目からも自分の目からも隠そう」という意図も働いていたでしょう。だから、その反動によって一段と激しい爆発状態を生み出してしまったのでしょう。こうして、新たな**自己否定感**を重ねることになったのでしょう。暴言も自己抑制も、さらにはそれらの反動である次の暴言も、いずれもが状況への屈辱的な『敗北』であること、屈辱的な『追随』であることを感じながら…。

そして、それにもかかわらず、暴言と自己抑制のくり返しの道を歩むしかなかったのでしょう。それが、第二のKさん（統制的自己）のジレンマだったのです。

3　「おくび」の奥にあるもの

ジレンマはこのように否定面と肯定面の向かい合いや等価の選択肢のなかに生まれるものです。そして重要なのは、そのなかには**肯定志向・前進志向**が厳然としてあるということです。

そうだとすれば、Ｋさんが自分の内に渦巻く激情を「おくびにも出さない」というのは、単に直情的に感情を吐き出さないということではありません。そこには、現在《いま》を次のステップにつなごうとする試みが厳然としてあるということです。たとえ、否応なしにそうせざるをえないのだとしても。そして実際、そうせざるをえないぐらいに、Ｋさんの感情は自己爆発的な危機に直面しつづけてきたのだと思われます。だからこそ、それを避けようとして、これまた必死になって、現在《いま》を次の場面につなごうとしていたのでしょう。**「おくびにも出さない」という姿をしっかりと「おくび」に出して…**。

そうだとすれば、「おくびにも出さない」でいた自分を責めていたのは、激情する内面を「おくびにも出さない」で歩むことに失敗したからだけではないはずです。それとは別に、「おくびにも出さない」ことに対する『抵抗感』があったからです。また、過去から脱却したいという深層世界の強い願いを、感情的にであれ表出させてしまったことに対する戸惑いがあったことをも意味するのかもしれません。これらの戸惑いや恐れが総合されて、Ｋさんの心性は「屈辱」的な敗北感に似たものになってしまったのでしょう。だからまた、その「屈辱」感のなかに、自分の「性格」という抜けがたい世界を感じてしまったのでしょう。

こうして、容赦なき「屈辱」感から目をそむけることを自分に許さない、そんなＫさんが生きて歩んでいたのです。

4　隠蔽の『理知』と『屈辱感』

とりまとめて言いましょう。

「おくびにも出さない」自己抑制の背後には、「屈辱」感一杯の、見せかけの『生』に閉じ込められた、しかし確実に『生』へと方向づけられたKさんの生命力が生きつづけていたのです。現象的には、「怒りまくる」Kさんと「おくびにも出さない」Kさんは別の人のように見えます。しかも、両者は日常のなかで戦い合っていました。しかし、そのような様相を呈しながらも、両者は、密かに『自己解放』を模索していたKさんを浮かび上がらせる連帯者でもあったのです。

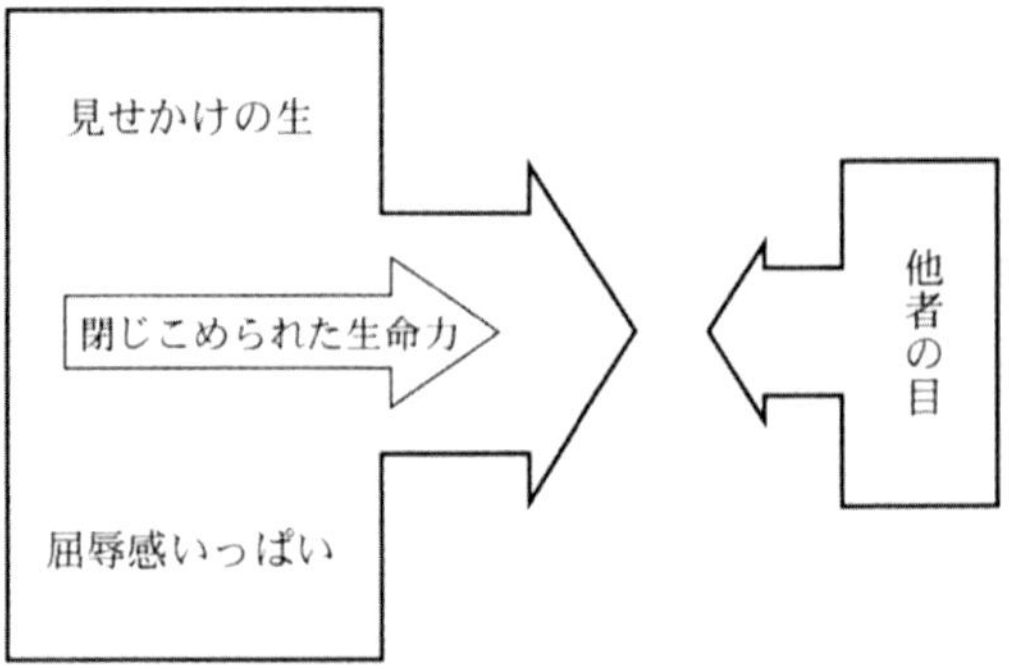

【図２】　閉じこめられた『生』

もし、「怒りまくる」ことと「おくびにも出さない」ことの二重性のなかで、双方に対して抵抗を感じることがなかったなら、Kさんはこれほどまでに苦しむことはなかったでしょう。疎外状況に呑み込まれたままであったなら、Kさんは自分のなかの矛盾やジレンマに気づきもしなかったでしょう。それらを表出することすらできなかったでしょう。そして、ジレンマに巻き込まれた自分にさえも無関心なKさんになっていたかもしれません。となると、当然、他者《ひと》の矛盾にも無関心なKさんであったでしょう。

が、そうはなりませんでした。Kさんは、怒っていた自分を転身させて、相手と**対話できる自分**に変えようとしていました。他者《ひと》の目に合わせて見せかけの『生』に甘んじ、それゆえに屈辱感いっぱいのなかに閉じこめられたKさんの生命力（生きるエネルギー）【図2】を、抑圧的な文化支配のなかでなお新しい現実に開こうとしていたのです。このような構造が、一連の過程としてあったのです。

しかし、これは、常に自己を抑圧しながら行われていたものでもありました。そのために、Kさんのなかではいっそうストレスが強まっていったようです。だからこそ、「おくびにも出さない」だけではなく、「さらにこの二面を上手く使い分ける」第三の自己（理知的自己）を登場させなければならなくなったのです。しかも、ベクトルは『否定的自己』に方向づけられていました。ですから、「二面を上手く使い分ける」ことのできる自分を肯定的に評価するなどということは考えられなかったのです。逆に、そんなことはとても許せないことだったのです。

こうしてKさんの『理知』は、マイナスの評価にさらにマイナスの評価を上塗りするはたらきを担うものとなっていきました。その意味で、このときのKさんの『理知』は、「二面を上手く使い分け」ざるをえない状況から自分を離脱させてくれるものではありませんでした。そのために、Kさんは、消極的・否定的な自分に対して、いっそう耐えがたい屈辱感を重ねることしかできなかったのです。もちろん、

Kさんの心はそれ程に実直なものでもあった、ということでもありますが。

5　『知性的自己』への転身　（読書：第5日）

ともあれ、こうして「些細なことで怒りまくり、暴言を吐き、あたり散らす」Kさんにも、「それをおくびにも出さない」Kさんにも、「さらにこの二面を上手く使い分ける」Kさんにも、共通したものがありました。それは、**自己抑圧**です。Kさんは、自己抑圧の鎖につなぎとめられ、その哀しさから自分を離すことができなかったのです。そのために、私の言う、「肯定を読み取る視点から自己を見る」ということを封じられてしまったのです。Kさんは、責めの文化・抑圧の文化に封じ込められていたのです。ですから、Kさんの精神が鬱屈《うっくつ》した辛さに深く囚われてしまっていたのは無理からぬことだったのです。

ところが、いま、ここに、それを組み替えたいと願う第四のKさんが登場してきました。それが、「今これを書いているのはどの自己か？」と問うKさんです。厳密に言うと、「今これを書いている」Kさんと「どの自己か？」と問うているKさんとは違います。前者は「今」に視点を持ち、後者は未来に視点をもつからです。が、ここでは両者を連続させながら後者に統一させて、第四のKさん（知性的自己）とします。（ここで、『知性』とは、「自己のなかにある発展可能性を呼び起こす心身のちから」と規定しておきます。）

重要なことは、これまで感情的だったＫさんが、**理知**を生かし、自己を未来に開くＫさんへと転身させはじめているということです。それは、Ｋさんのなかに深く押し隠されつつも、敢然と生きぬいてきた、もう一人のＫさんの確実な台頭を意味するものです。そしてまた、それに支えられて、自己表現世界を質的に転換（自己解放）させるための様々な試みを重ねていこうとするＫさんの登場を意味するものです。Ｋさんは、いまや本格的に自己を分析し、**自己解放的に自己を再編・統合する**段階に生きているようです。

そこで、私なりにこの第四のＫさんに協力の手をさしのべてみたいと思います。

この第四のＫさんを発展させるポイントは、次の二つであると考えられます。

①行動で、身体で、新しい歩みの事実を創ることです。

②問いの言葉につなげて、言葉で新しい視点や論理をつかむことです。

前者は、少年少女期に自己を再構築する筋です。また後者は、特に青年期でなければ立てられない課題です。この両者がつながることによって、行動的・知的矛盾は克服されていくのです。

先に述べたように、自己の多面性がもたらすズレや矛盾は必ずどこかに現れてきます。現われてきて当たり前です。**ある意味では、ズレや矛盾が現れるところにこそ『生』の能動性がある、とさえ言える**のですから。そして、その能動性に呼応して、先のポイントが、やがては現実となる未来にKさんをいざなっていくのです。

しかし、残念なことに、多くの場合、ズレや矛盾の存在は、余りにも否定的なものと考えられてしまっています。お互いに生きているからこそ、ズレが生まれるのに…。心身においても、思考においても、そうなのに…。

6　感情の揺れの合間を生きる

こうしてみると、ここには、いま、単一の自己を見定めあぐねているKさんがいます。そして、そのKさんは、『いま』次のような構造のなかにいます。

①これまで自らの力で多面的・多層的な状況世界と向かい合い、多面性を開発してきたKさん。
〈第三のKさん〉
②そしてさらに一歩進んで、それらを担いうる『統一的自己』を登場させようとしているKさん。
〈第四のKさん〉
③しかし同時に、矛盾にたくましく向かうことのできない心身を生きてきたKさん〈第一のKさん〉も

厳然と存在しています。
④そして、そんな自らをかたずを飲んで見守り、偽りの仮面で弱い自分を封じこめようとし、一方ではすくみこみながら、他方では自分を叱咤激励するつもりで責めこんでしまうKさん〈第二のKさん〉もいるのです。

四人のKさんが、このような関係構造を成している『いま』、**〈第四のKさん〉は、〈第一〉、〈第二〉、〈第三のKさん〉を内包させたまま生きている**のです。つまり、〈第一〉から〈第三〉までの三人のKさんは、Kさんの言うように、一定の段階まではそれぞれに「独立したパーソナリティー」として、いえ、並立・孤立したパーソナリティーとして、Kさんのなかに生きつづけてきたのです。そして、『三人の孤立者』相互間のきしみを日常化させていたのです。さらには、Kさんのなかの孤立性を増幅させ、それがさらに増幅した感情ストレスをKさんのなかにためこんでいったのです。ですから、Kさんは感情を自他に向けて噴出させ、一定の「ガス抜き」をせざるをえなかったのです。それはまた、**三面の並立性や孤立性を超える**つながり（方法）を、自他関係のなかで探る試みでもありました。

そうだとすれば、Kさんの感情ストレスの噴出は、〈第四のKさん〉が成長することによって次第に激化してきたものだとも言えます。それは、旧い世界と新しい世界のせめぎあいの激化という構造のなかでの、未来に向かう〝きしみ〟でもあったのです。

このようなプロセスのなかで、Ｋさんの知性は揺れる感情に食いつぶされそうになったときもあったでしょう。だからまた、感情の揺れの合間を縫うようにして、食いつぶされそうな危機感の包囲網からの脱出を試みてもきたのでしょう。そして、生きるちからとしての知性を獲得することへの願いと要求をこめた鋭い叫びが、Ｋさん自身の内に向けて発せられつづけてきたのでしょう。

そうしながら、Ｋさんは、自分の『生』を生き抜いてきたのだと思われます。ですから、どんなにＫさんが自分のなかのきしみを「おくびにも出さない」ようにしていても、裏で**真意の叫び**を発しつづけずにはいられなかったのです。いや、そうすればそうするほどに、その叫びは強化されてきたに相違ありません。だから、この三者を担うＫさんは、辛くてたまらなかったのでしょう。きっと、そんなＫさんと向かい合うご家族や友人も、辛かったことでしょう。とまどったことでしょう。

7　内と外のコーディネーターの登場

重要なのは、三者は切り捨ての対象ではないということです。**『生』の厚みを語る共同者**だということです。とすれば、その三者とどう協同するか、どう協同できるか。それをさぐることが、『いま』メモを書くＫさんが担っている課題です。したがって、ここでは、三者をつなぐコーディネーターとしてのＫさんの登場が待たれていたということです。

コーディネーターとしてのKさん。それは三者の前に立ち、現実を生きるための**対話と討論**を組み立てるKさんです。そんなKさんが登場できたらすてきです。豊かな**自己内対話**の成立となるからです。

こうなると、焦点は一つです。**問いかけ、語りかけることのできる他者《ひと》と向かい合うこと**です。つまり、他者《ひと》との対話を創ることです。未来に開かれた自己内対話が成立するためには、それぞれのパーソナリティーに対応する他者《ひと》との生きた対話が必要になります。それによって、自己内外の文化は解体・再編され、『生』へと再創造されていくのです。

その他者《ひと》の一人が、私の存在でした。私はKさんの問いを受けとめ、対話し、コーディネートする、初発の存在であったといえます。ちょっとゴウマンな、そして自分でいうのも恥ずかしくもあるのですが、私はそのような存在として登場したのだといえます。まさに「先」に「生」まれ「生」きてきた『先生』として。すなわち、一方では「暴言を吐き、あたり散らす」Kさんを受けとめる一人として。他方では「それをおくびにも出さない」Kさんを受けとめる者の一人として。さらには、この「二面を上手く使い分ける」Kさんを受けとめる一人として。ここに、前三者と〈第四のKさん〉はつながりました。

そして、ここには、実はもっと興味深いこと、もっと重要なことが成り立っていったのです。それは、この三つの面とつき合うことのできる私に、**Kさん自身が語りかけてきた**という事実です。それは、別の角度から言えば、自分を隠すカタチで「この二面をうまく使い分ける」ことを、Kさん自身が自分に許さなくなってきたということです。それは、三面を本質的なレベルで統一させるコーディネーターとしての自己を、Kさん自身が登場させてきたということです。しかも、自らの要求においてそれを行ってきたということです。そして、これこそが最も重要なことがらだったのです。

だから、自己を見つめるKさんとの対話を進める者の一人として、私はここに登場することができたのです。私は、Kさんの自己内対話の**媒介項**にすぎなかったのです。そして、Kさんは私の背後の他者《ひと》やそれまで出会った他者《ひと》との間に、より開かれた対話をさらに進めていきました。それぞれの他者《ひと》に支えられて、統合的自己への試みを展開しようとしていたからです。

なんと嬉しいことでしょうか。なんと素晴らしいことでしょうか。Kさんのなかには、まさに『先』を見通し、Kさんと『生』きる、『新しいKさん』という自己内の『先生』が登場していたのです。『先生』という言葉が学校教育や政治の世界でどんなに歪められたとしても、真の『生』のなかでは歪められません。『新しいKさん』という『先生』の登場は、実は、未来を生きる人間にとって必要な**自己指導**の世界です。これまでにさまざまな場で受けた援助や指導というものは、**自己指導**へと転換することによってはじめて完結するものです。

この基本原理を現実の『生』において貫こうとするKさんが、もうここに登場していたのです。こんなステキなKさんの誕生が、実は、私との出会いに先んじてあったのです。だからこそ、この出会いは生きたのです。

8　『知的甘え』を支えに『知的創造』へ

こうなると、「今これを書いているのはどの自己か」というKさんの問いへの回答が、ハッキリしてきます。

それは、行動によって上記の三者を統一しようとしているKさんです。それも、**内省的対話**ではなく、**行動的対話**を通して三者の統一を試みているKさんです。ときとして内省的対話は自己の判断を観念的にします。それに対して、行動的対話は自己の判断を検証し、自他の関係を現実のなかで豊かにしていきます。それによって、自己の内面を現在《いま》から未来《あす》へと開いていきます。負ではなく、正の現実を未来《あす》に開いていきます。その具体的な、そして以後を規定する典型的・創造的ないとなみが、私に向けられている冒頭のメモにこめられた対話です。

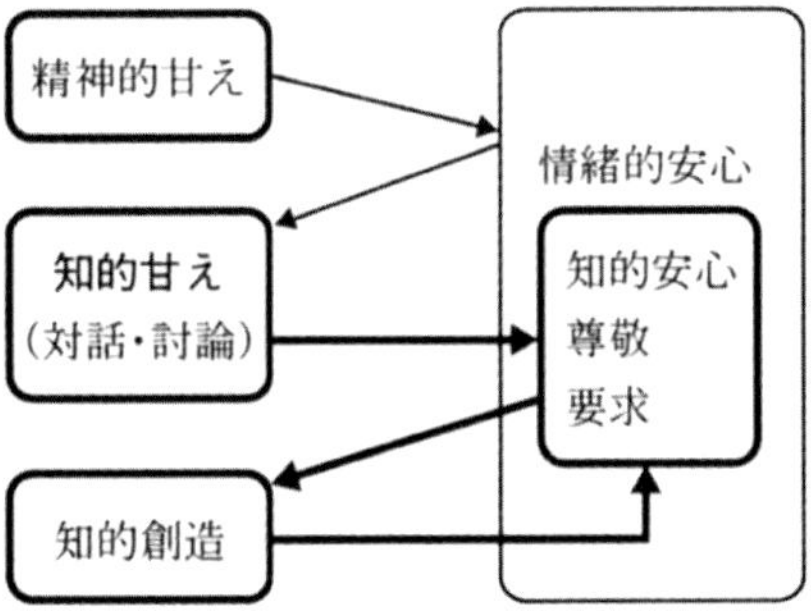

【図3】　知的甘えの位置

ここまでくると、もはやポイントは明らかです。

何よりも、**対話**を通して気楽な舞台を創ることです。そこに、Kさんの知性を活躍させていくことです。それが、一面では**『知的甘え』に重なる『精神的甘え』**となるのです。そこに、安心が生まれます。

そして、**その安心は『知的要求』に収斂《しゅうれん》され、それによって『知的甘**

え』は『知的創造』へと転化されていくのです。【図3】そこに、自己肯定をも含む知性が生まれてくるのです。端的に言って、Kさんはいま、このような課題の扉を開いているのだと言えましょう。

蛇足ではありますが、私は**『生活』**という概念をこの上なく重視してきました。自分の生活を創るということは、実は、上述のような世界を開くことであると考えるからです。そこには、「人・もの・こと」との関係が、生きてダイナミックにこめられているからです。人間（自分《ひと》・他者《ひと》・他人《ひと》）、自然物・人工物、そして文化的しくみ。生活のなかにこそ、これらの関係構造が生きて貫かれているのではないでしょうか。それは、矛盾を含みつつ発展していくというかたちで現れていくものですが。

この意味で、**生活**とは、矛盾を超えて発展を拓いていく、まさに**『生命』を『活かす』**日々のいとなみです。そこでは、治癒、癒しの機能はとりたてて求められる必要はありません。しっかりとその内に織り込まれているものです。その逆ではありません。そう考えるのが最も合理的と思われます。（〝癒し〟が強調される現代社会に生きる私たちは、この意味で「生活」概念から遊離して生きているのかもしれません。）

ですから、Kさんには自分自身の生活を構想して欲しいのです。そして、それを現実のなかに引き受け、かつ実らせながら**『生活主体』**として歩んでいって欲しいのです。そんな『生活主体』としての自身を、自分の未来に展望して欲しいと思います。

ということで、どうぞ、自身の生活点にこそ根を張って伸びていって下さい。仕事に就いて、そこで『生活（Life）』のなかに自他の『いのち（Life）』を見つめることができるとき、Kさんは前記四面の自己を生きたことを誇らしく思うでしょう。自分を、『尊敬』と『尊厳』をもって認めていくことができるでしょう。

こうしてみると、さらに、『主体的』という概念と「自己中心的」という概念との異同・関連について考える必要があるようです。

そこで、次の議論につなげましょう。

Ⅳ 「自己中心的」な世界について考える

1 若者たちの世界で　（読書：第6日）

つづく第三の議論は、その「自己中心的」ということについてです。Kさんは、次のように言っていました。

「ワガママ、甘ったれ、自分勝手、嘘つき…。〝優柔不断〟が最たるものか。自分さえよければいい、のか？ ハッキリ言えないのは優しさでも何でもない。失うのが恐いだけ、嫌われるのが恐いだけ。一度自分がひどい傷を負えばいい。何もかも、膿を出すように、吐き出してしまいたい。」

Kさんは、またしても言います。自分は「ワガママ、甘ったれ、自分勝手」である、と。そして、私も言いたいと思います。「そのとおりである」、と。そして、さらに重ねて言いたいと思います。「しかし、それはKさんだけではない」、と。

率直に言って、私たちは「ワガママ、甘ったれ、自分勝手」です。そして、彼・彼女らは、そのなかで自分さがしをしているのです。それが、いまの私たちの概括的精神状況であると、私は考えています。

しかも、それは必ずしも不合理なことではないと考えられます。というのも、既成の規範枠は、そのような現実によって、改めて問い直されていくからです。一面の「自分勝手」は、他面の『主体性』でもありうるからです。特に、若者にとっては。だからこそ、ジレンマは、多様に、そして多層的水準で表出されてくるのです。だから、単に「ワガママ、甘ったれ、自分勝手」と言うだけで済ませることはできないのです。

ただ残念なことに、Kさんのかつてのような直情型排出のスタイルのままでは、自分さがしのステップを未来に向けて拓いていくことはできないでしょう。現在の状態を未来に先延ばししていくだけでしょう。社会的にも受け入れられないでしょう。なぜなら、そこには気楽な対話が生まれないからです。それぞれが互いに傷つけあうか、もしくはそうすることのないように気遣い合い、相互に踏みこむことを怖れていくからです。

そのような気遣いは、一面では、いまある自分が顕《あら》わになることを怖れているがゆえのものです。ですから、新しい一歩を大胆に踏み出す壁になってしまいます。さらにまた他面では、その怖れに重ねて、他者《ひと》に気遣うことのできる自分を探しているにすぎないということです。ですから、見せかけの明るさと楽しさの厚い壁のなかに自分を隠し、他者《ひと》の侵入を防ぐかたちで自己の開放（解放）をも封じてしまうことになるのです。これが、**閉ざされた私的世界の重層構造**です。

もちろん、裏返して、ここにはその人なりの判断枠がそれとしてある、とも言えます。が、問われるべきは、その判断枠さえもが、状況にそうさせられてしまったものではないかということです。また、そうであるのにもかかわらず、自分が判断しているのだと錯覚しているのではないか、ということです。もしそうであるならば、未来は容易に見えなくなってしまうでしょう。**錯覚のなかで、『甘え』と『依存』と『隠蔽《いんぺい》』が深まってしまう**からです。

そのような事実に出会うことは、私たちの日常のなかでいくらでもあります。それは、若者に限りません。私の受けた相談事例に重ねて言えば、あらゆる世代に及ぶことです。自己確立を求める今日の文化的状況が、あらゆる世代にそれを求めているのではないかと私は見ています。私がかかわってきた一〇代から五〇代の方々のケースは、その点で共通の**『脱皮』欲求**の構造をもっていました。

2　精神的蹂躙《じゅうりん》の構造

ともあれ、私たちがそのような状況にはまり込むとしたら、Kさんも含めて、その人は、自らの個性が深部まで尊重されたという経験がないからでしょう。もしくは、尊重されたという実感を持ったことがないからでしょう。いえ、それ以上に、常に自分の意思を殺さねば自分が認められないというような状況に、長い間おかれてきたからなのかもしれません。それほどに、私たちは、容赦のない精神的蹂躙の波にさらされてきたといえるのかもしれません。

その構造は、難しくいえば次のようになります。

私たちを包んでいたのは、根拠が定まらないまま（構造的）に発生した『自己満足』です。また、私たちの感性のなかに滲みこみ、内外から個人を支配してしまった大きな『依存性』です。そして、この依存性と自己満足に連動して私たちの日常を規定しているのが、貧しい知性と浅薄な同調に裏打ちされた、自他関係や近未来への『怖れ』です。総じて、時空間と自己を貫く『甘えと依存』の枠＝『共依存関係』の日常化がそこには成っていたのです。

ここで、私は「根拠が定まらないまま」と言いました。同時に、「（構造的）」と重ねました。矛盾しているようです。が、『怖れと不安』に裏打ちされた構造、『甘えと依存』を誘発する構造には、相応の必然的文脈があると見ています。それは、簡単に言えば次のようなものです。

①甘えたり、ものごとを批判的に検討したりすることを許されないままに、「教育」世界に閉じ込められてきた必然の結果。

②商品文化に演出された擬似的「楽しさ」の『魔力』によって、豊かな感性表現が封じ込められてきた必然の結果。

③同様に、事実の擬似化・パッケージ化（ex 食材における化学調味料・肉細切れ等）の生活支配に対して意識・認識が従属させられてきたことによる必然の結果。
④同・異年齢集団内関係の、量・質の矮小化・皮相化に伴って現れた社会性の希薄化による必然の結果。
⑤そして、これらに伴う、心身や知性の構造的脆弱《ぜいじゃく》化、発達水準の低質化の必然的結果。等々。

3　ただ一つの焦点

私たちはいま、人類史のどの段階にも類例を見ない、新しい時代状況に生きています。その一つが、『生』それ自体とのかかわりをめぐる体験的学びの弱まり・欠落です。そして、Kさんだけでなく、多くの子どもも大人も、その欠落したものをカバーしようとしてさまざまな試みを重ねているのです。また、そのなかで、実質の見えない知識や権威に縛られて、自己を苦しめてしまっている人も少なくないはずです。学力主義・金力主義・権力主義への傾斜等による、さまざまな矛盾の支配下で苦悩する人々の背後には、そのような状況がうごめいているはずです。(しかし、多くの人は、日常の便利さに包まれた生活の中で、このことにまだ気づいていないふり？　をして、装って生きているように見えます。)

ともあれ、このような問題は、Kさん一人が一身に担って自己を責めるような問題ではありません。誰にも共通の、普遍的なものです。個人的レベルでは、解明も解決も限りがあります。ですから、このような課題を自力だけで解明・解決しようとすると、無理を重ねるだけです。さらには、そこにとどまることは傲慢《ごうまん》だとさえいえます。これは、あくまでも、**『生活』構築**という社会的・歴史的実践を通して、現代に生きる私たちが共同で探求していくべきことです。私は、そう見ています。

ですから、私は、大学のゼミや大学運営上の職責のなかでも、あるいは研究会の運営や家庭・家族関係のなかでも、さらにはさまざまな私的交友関係のなかでも、その『探求』と『創造』の試みを重ねてきているのです。この手紙も、その一連の流れのなかの一つです。

幸いなことに、Kさんは、これまで率直に自己を表現してきました。はじめは、自分を**『隠す』**というかたちで。やがては、内面を感情や心身の動きにこめて自己を**『表出』する**というかたちで。そして、幾多の屈折をくぐりながら、ようやく自らを**『語る』**という表現世界に立つまでに至ったのです。しかも、その語りは、冒頭のメモのような言語表現にまで収斂《しゅうれん》されてきています。そこまで来たKさんが向かうべき焦点は、ただ一つ。**自らの『生』の過程に安心空間を確保する、**ということです。

これまでのKさんの歩みのなかには、本当に安心して「ワガママ」ができる場がなかったようです。自分を意識しはじめたときには、「甘ったれ」る余地がなかったのでしょう。あるいは、その余地がないようにしか見えなかったのでしょう。それにもかかわらず、Kさんはあきらめることなく精いっぱい生きてきたのです。「小さな自分勝手も許されない」「小さな失敗も許されない」という思いのなかで。そしてなお、「ワガママ」や「甘ったれ」を求めて。

だから、ひるがえって、少しの「ワガママ」や「自分勝手」もまったく許せないほどに、自分のそれらを過剰に意識してしまったのでしょう。意識せざるをえないほどに強く、「ワガママ」や「自分勝手」が気楽にできるゆったりとした『生』の舞台を求めてきたのでしょう。

４　『自虐性』を解くステップ

だとすれば、これまで意識の深層でずっと求められつづけてきたものが、いま、ようやく新しいKさんによって意識上で求められるところまできたのだと言えます。そこまで、Kさんの心理世界が開放・解放されてきたのです。心身の成熟と、それに支えられた知性ある**『問い』によって**です。

こうしていま、その小さな「ワガママ、甘ったれ、自分勝手」は、対話で向かい合いうる者に向けて**表出**されはじめているのです。が、その中でKさんは、知的な向かい合い（対話）さえもが『感情的な甘え』であると感じ、そして『甘え』に傾斜する自分を怖れています。ですから、一方では対話を抑制しようとしながら、なお、おそるおそると語っているのです。また他方では、そうしながらも**表現**してしまった自己を責めつつ、なお、おそるおそると語りつづけているのです。ときには、吐き出すような様相を呈しながらも。でも、それでよかったのです。それもまた、Kさんの『生』をめぐる一つの探究の過程だったからです。

とはいえ、表現する自己に向けて湧き立つKさんのなかの抵抗感の強さは、過剰なほどに激しいものでした。語り出したとたんに、自らを「ワガママ、甘ったれ、自分勝手」としてただちに責めてしまうほどのものです。そして、そこを避けるために、Kさんは表現する自己をただちに抑制してもいたのです。責めのなかに自分を閉じ込めながら…。それにもかかわらず、Kさんはその抑制をくぐってなお、表現することをつづけてきたのです。そしてまた、感情がもれだし、屈折し、もつれ、さらに**真面目の仮面**におおい隠されながらではありましたが。そのような一貫した過程が、図らずも、次第にKさんの自虐性を解いていったのです。次のステップをたどりながら…。

①はじめは、強い自己規制をかけつつ、漏れ出させるように自己表現しながら。
②そしてやがては、やや警戒気味に少しずつ言葉を選び、自分を安心させながら。
③そして、次第に表現する安心感に支えられて、感情をもこめながら。
④そしてついには、ときとして気楽に持論を展開する、という流れとして。

5　内なる『大学』を創る

そうなのです。それでよかったのです。たとえば、大学（university）とは、それができる場なのです。人間の『生』の世界の真理と真実を、自らの課題に重ねながら正面から問うことのできる場、それが大学です。Ｋさんの問いや自己表現は、大学という場では当然のごとくに探究課題として課題化できるものです。青年期に至ってなお「ワガママ」が出せる世界、「甘ったれ」ることのできる世界、そして「自分勝手」を出せる世界。それは、転じて「ワガママとはなにか？」「甘えとはなにか？」「自分勝手とはなにか？」と正面から問うことのできる世界でもあります。こうして、対話による『甘え』が、対話において『探究』の筋に転じ、研究論議として開かれていくのです。

大学とは、まさにそのような場なのです。それは、『生』のステップの諸相を、**『探究・発見・創造』**において拓くことを可能にする世界です。『生』の世界は、それ自体ひとつの宇宙（universe）なのですから。ですから、虐待を受けて精神的苦悩を抱えて生きてきた若者が、『虐待』をテーマに研究することをとおして自己解放の道を拓いた例もあります。自分を見失ってすくみこんでいた若者が、「自己とは何か」というテーマを立て、その探究過程のなかに自己像を描き出し、未来に自己を開いていった例もあります。もちろん、単に思いを突き出せば良いというのではありません。ものごとを対象化したり、課題化する方法を身につけていくことが必要です。したがって、大学をはじめとしてそれぞれが身を置く場は、すべて、単にいる場ではありません。自分のなかに創っていく世界でもあるのです。

(読書：第７日)

６　発達論からの展望

さて、「ワガママ、甘ったれ、自分勝手」から『探求・発見・創造』へ、そしてそれによる『安心』へ、という関係を述べてきました。これは、単なる観念の語りではありません。人間の発達の筋に沿ったものです。簡単に見てみましょう。すなわち、

①乳幼児期には、保護者を相手とした『身体的対話』を基礎にして『安心』が開かれていきます。
②そして、少年少女期には、仲間関係を中心にした『身体活動的対話』を基礎として、『生』の歩みが共同開拓されていきます。
③そしてさらに思春期に至ると、彼・彼女は、生命や宇宙や本当の自分などを問うというカタチで、ものごとの本質的なしくみを問うていくのです。「なぜ?」「本当はどうなの?」「本質的には?」という問いにつながる『思想的対話』を通して、自己内外にかかわる心身のなかに『安心』を開いていくのです。

このような筋道に沿って、子どもたちは能動的に自立化の方法を探っていきます。それぞれの段階でいっぱいの「ワガママ」をしながら、また「甘ったれ」ながら、真の安心世界の確かさを感触していくのです。また、「自分勝手」をしながら、相手の世界を汲みとっていくのです。こうして、自己の主体世界を構築していくのだと言ってよいでしょう。

ですから、規範的には、作られた行動規範ではなく、**創る行動規範**の上に立っていくのです。また内面的には、作られた道徳ではなく、**創る道徳**のなかに自らの『生』を貫いていくのです。さらに外面的には、与えられた関係ではなく、**創る関係**として自らの『生』を貫いていくのです。

こうして、子どもたちは**自らが創る人生**を展望していくのです。

この上で、青年期は、それが最も鋭く、しかも体系的かつ総合的に試行が重ねられていく時期です。だからこそ、Kさんは、この大学生活において、初めて**『思春期的探究』**をくぐり、そしてそれを**『青年期的探究』**へと転じ、**『知的探求』**の過程を拓いてきたと言えるのではないでしょうか。私には、そう見えます。

7　「嘘つき」を問う

ともあれ、このような認識の上に立つならば、他者《ひと》に合わせた言動を発したことをめぐって、Kさんが自らを「嘘つき」となじることは私にはうなずけません。これまで解明してきたように、残念ながら（？）Ｋさんは「嘘つき」になれない人です。逆に、あまりにも正直に現実の諸局面の一つ一つと向かい合ってきた人です。そして、いまなお、そこに向かい合ってしまっています。そこに、Ｋさんの確かさがあるともいえます。

とはいえ、そのまま確かさとして受けとめて終わらせるわけにはいきません。これまでの議論のように、同時に、それは感情を刺激するものに引きつけられて離れることのできない、確かな（？）迎合でもあるのですから。

ですから、誤解を怖れずに言えば、Ｋさんはもっと「嘘つき」になる必要があります。もっと、プライベートな世界を自らに楽しませてやる必要があります。自身の創造的イマジネーションによって、自らを楽しませてやる必要があります。それは、**閉じたイマジネーション（猜疑）を開かれたイマジネーション（信頼と要求）**へと転換すること、といってもよいのかもしれません。周囲の目に囚われずに楽しみ、そしてそのなかで周囲の動きにつながりながらまた新しい自分の精神空間を創るという、往還の道を拓くことです。

言葉を重ねれば、現実の諸局面を気楽につなぎ、現実の動きのダイナミズムを『虚構の世界』で楽しむことです。ダジャレなどもその一つです。ゲームなどもその一つです。ただ、皮肉などは、お互いの関係（未来）を分断する「事実」になってしまいますから、誉められません。ですから、皮肉を言いたくなったときには、相手の諸局面をつないでストーリーとして組み立て、それに軽やかなリズムを乗せてみることなどもひとつの手です。その点では、谷川俊太郎氏の作品などは示唆的です（ex『自己紹介』『ここ』『ふくらはぎ』など）。多くの著作物等との対話は、また、私たちに宇宙（universe）への扉を開いてくれるものでもありましょう。

ともあれ、感情を吐き出し、それを『理知』で問い、さらには『知性』としてそれを自分のなかに拓くことです。それは、必ずや先人の知的実績と重なっていくでしょう。そうすることによって、**『想像』と『創造』をつなげるちから**をもった自分が『発見』されていくでしょう。裏返して、当たり前のように相手のプライバシー（自己決定権）を『尊重』することができていくでしょう。そして、そうできる自分に拍手を送っていくことができていくでしょう。

ですから、自分自身を軽やかにしてやることです。

この意味で、「嘘つき」になることは必ずしも『虚偽』の世界に身を染めることではありません。**豊かな『虚構』の世界を楽しむ**ことにもなるのです。そして、気楽に楽しく自分を守り、相手の世界を尊重するということでもあるのです。（『虚構』と『虚偽』の異同については、後で論及します。）

とすれば、何に対して「嘘」をつくのかが決定的な問題です。

8　肯定面にスポットを

そこで言いたいと思います。

発展的な「嘘」の演出のためには、何よりも、相手の肯定面にスポットを当てることです。そして、それが拡がったらどんなに楽しいかをイメージしつつ、演出・演技を考えることです。相手には相手の世界があるのですから。その人なりの生き方の必然性もあるでしょうから。それを『尊重』する視点に立つことです。争い、戦うことが目的ではないのですから。

とは言っても、否定面に引きずられてしまい、肯定面にうまくスポットを当てることができないことはしばしばあります。イメージがうまく拡がらないこともあります。相手と自分の間にある「ズレ」の大きさの感触に心身が支配されてしまうこともあります。

が、それは、Kさんが怖れる「裏切られ」の世界ではありません。スポットの当て方や拡げ方、否定面と肯定面のつなげかたが『不適切』だったからに過ぎません。それは、もっと工夫の余地があるということを意味するものです。ダジャレやゲームなどを引き合いに出したのは、その余地への踏み込みの一例です。しかも、うまくいかなかったときには「ウ、サブ…」というくらいの気楽な世界です。一つの失敗に自己の命運をかけてしまうほどのものではない、ということです

忘れてならないことは、**主体はKさん自身**だということです。また、何かに『習熟』するのには、ある

いは一つのことを『創出』するのには、多大な時間とエネルギーと経験蓄積を要するということです。さらに、『不適切』は、『適切』への一歩だということです。この意味で、『適切』は『不適切』ということの中に内包されています。そして、『不適切』であるということは、決して「裏切り」ではありません。かかわるすべては、Kさんの世界を拓くためのものです。

ちなみに、次の文章はその視点から、私のこれまでの人生総括の一端を表現したものです。

〈自分と向き合う視点〉

リアルに見つめて、つきあえ自分。のろまはゆったり、間抜けはゆとり。せっかち、すなわち手際よさ。欠点転じて自分を伸ばす。他者《ひと》とかかわりゃそのことわかる。だから、いっぱいかかわりつくる。俺の人生おれのもの。俺のものなら、おれがやる。だけど一人じゃとても無理。だから、気楽に甘えちゃおう。それでやれないときには、先延ばし。先に行ったら幅も出る。幅が出たなら、無理せずできる。もしもやる気が起きたなら、ちょっとぐらいの無理はいい。だけども、無理ははまりこむ。それは頭においとこう。さもなきゃ、自分いじめて、他者《ひと》なじる。生きてる限りはジレンマ生ず。ジレンマすなわち、生命《いのち》の証。

（一九九八年に広島県の中学生に語りかける際に言語化したものです。）

この視点によって、私は自分のなかの新たな世界をずいぶんと発見してくることができました。「肯定面にスポットを当てる」ということは、結果論的にはそれによって自他の肯定面を引き出すということでもあるのです。そのような相互関係の中に、自分の位置をおくということです。裏返して、否定面を見すえて課題とし、そこに土台あるアプローチを組みたてていくということです。

9 「否定面」への囚われからの脱却

これに照らして、Kさんの世界に再び立ち戻ってみたいと思います。

Kさんは他者《ひと》の「否定面」が許せなくて、それにこだわり、怒り、非難していました。が、その実相は、そのように他者《ひと》を裁断してしまう自分を責めつづけるものでした。なぜなら、他者《ひと》のもつ「否定面」と同様なものを自分も抱え、かつ、超えることができないであがいていたからです。また、その他者《ひと》の世界に同調したくなる自分に歯止めをかけられないために、そうしてくれる援助者を探し求めていたからです。さらには、それを超えて、自分を未来に引き寄せてくれる指導者を求めていたからです。それほどに、Kさんは自分の「否定面」を自分のちからで超えたいと強く願っていたのです。また、それほどに、ことはKさんだけの問題ではなかったのです。

しかし、それだけでは日々が進まない、先が見えない…という状況のなかにKさんはいました。だから無理して偽りの面《おもて》を押し出していたのです。他の人の「否定面」ばかりを見てしまう自分の目を隠そうと、『偽りの仮面』のなかに自分を閉じこめていたのです。自分を閉じこめることによって、自分の苦しみや嘆き、そしてそれらを内包する事実を覆い隠していたのです。

しかも、それが他者《ひと》の姿に映し出されたとき、隠蔽のベールは容赦なくはがされ、感情はよりいっそう湧き立たされていったようです。だから、他者《ひと》の「否定面」がいっそう許せなくて、それにこだわり、怒り、非難するというかたちで、重なる自らの辛さ・哀しさから抜け出ようとしていたのでしょう。そのための足がかりや指標と出会えないままに…。

とすれば、「否定面」への囚われから抜け出したいという志向性は、やはり、Kさんのなかに確たるものとしてあったと言わざるをえません。

10　提言――小さな肯定的事実の上に立つ

そこで、Kさんの志向を現実のステップとして重ねるために、私は一つの提言をしたいと思います。

それは、まずは**相手の「否定面」や「偽りの仮面」に見えるものの中・背後にある、小さな『肯定的事実』を受けとめる**ということです。その視点に立つことです。そんな視点に立つ自分を演出することです。さらには、その小さな肯定的事実をうんと楽しくふくらませることです。そして、現実に呑み込まれないほどに確かな『虚構の世界』を、自分のちからで演出することです。そのためには、小さな肯定的事実の上に『虚構の指標』を大胆に立てることです。それは、『夢』です。『希望』です。Kさんのなかでたくましく生きつづけ、めったな障壁にはつぶされないほどに広がる『理想』です。

このような世界を、「子どもっぽい」とか「青くさい」などとばかにしたり恥ずかしがったりしてはいけません。この小さな肯定的事実の上に立たなければ、私たちの固有の『生』は自分のものとして成り立っていかないのです。それなのに、Kさんの『偽りの仮面』は、この上に立つことを否定してきたのです。だから、『金力』や『権力』や『腕力』などの暴力的・支配的パワーに簡単に呑み込まれてしまったのです。いまの自分を怖れ、否定し、そして何か『権威』ある強いものにすがろうとしたら、そのパワーに呑み込まれるしかありません。こうして、Kさんの正直さ、優しさは、容易にそれらの餌食になってしまったのです。そこが、現代社会に生きる者が共通に陥りやすい陥穽《おとしあな》なのです。

V　基本的概念を見直す

1　『虚偽』と『虚構』の狭間で　（読書：第８日）

ここで、（否定面）への囚われから抜け出したいというＫさんの志向を受けとめるために、私たちはいくつかの基本的な関係概念を見直しておきたいと思います。その一つが、**『虚偽』**と**『虚構』**の違いです。この二つは、まったく別ものです。

言うまでもありませんが、『虚偽』は、ふくらめばふくらむほどに、気楽な『生』の現実（真実）から自らを遠ざけていきます。これに対して、『虚構』は、ふくらめばふくらむほどに、現実の諸側面を多様に組み合わせて、精神空間を開いていきます。あるいは、その可能性をもっています。それによって、いまという現実を未来に開き、また、いまにつながる未来をこの現実のなかに拓いていきます。

もちろん、『虚構』をめぐる問題のなかには、『虚偽』の世界に連動し、『生』の真実を隠蔽したり錯誤《さくご》を起こさせたり、さらには死や破壊へと私たちのいのちをいざなってしまうものもあります。ここが、『虚偽』・『虚構』の境界を本格的に議論する際の難しいところです。そして、この難しさが、実際場面での錯誤を起こさせるのです。たとえば、古典的にはポルノをめぐる芸術論のように。そして、近年では基本的居場所をめぐる家族論のように。しかし、それらの議論は本質的には鑑賞・解釈の世界のものです。『生活』上に展開されているものではありません。それらを巧妙に癒着《ゆちゃく》させ、芸術論や解釈論と生活論との論理的すり替えを行うところに、『虚偽』の世界への引きこみを図る消費文化の市場原理的本質構造があると私は見ています。

議論の筋と焦点を円になぞらえて言えば、生活点の議論は二つの円の接点上のものではありません。それぞれの円の中心点をめぐって展開されるべきものです。この区別が必要です。中心部分からの拡りがあってこそ、接点が問題になるのです。決して、逆ではありません。**自他の区別の問題**も、その責任範疇の構造としては同じです。**異質同等・対等平等**の関係のなかにあってこそ、自他の固有性は区別され、かつ尊重されていくのです。

しかし、Kさんはこの区別をせずに、他者《ひと》の問題までをも自己の問題として引きうけてしまっていました。そして、自分の枠のなかですべてを判断しようとしていました。だから、Kさんの判断を超えている自他内外の動きを、Kさんは「虚偽」「裏切り」として責めてしまったのです。そしてその裏で、相手の『理』を潰さなければ自分の『理』が崩れてしまうという怖れを抱いていたのです。また、相手の『理』を認めれば自分の「不合理」を認めることになるのではないかと、怖れてもいました。いえ、それだけではありません。相手の『理』を「不合理」と言って否定すれば、それと向かい合っていることさえも自分の『理』の否定につながるのではないかと怖れてさえもいたのです。

Ｋさんはこのような怖れのなかにあったために、自己を対話の世界にいざなうことさえも回避していたのです。それゆえにまた、相手の『理』を認めることは「自分も認めて欲しい」ということの裏返しと見られるのではないかと考え、ここでも気楽な自己を表現することを怖れ、怯えていたのです。

こうした**怖れの重層（重奏）**のなかで、Ｋさんは未来を否定で塗りつぶし、しかもその時々の『現在《いま》』のなかで、そのことをひた隠しにして生きてきたのです。これでは、心が休まるはずがありません。

２　現実の諸局面を気楽につなぐ

こうして、自分が否定的に見られるのではないかという怖れから離れることができなかったために、Ｋさんは日ごとに辛さをつのらせていったのでしょう。いえ、それ以上に、つのってくる辛さに支配されてしまったのでしょう。そして、その辛さを隠すための言葉を発してしまう自分を、Ｋさんは「嘘つき」と言ったのです。

しかし、その言葉は一方では、まじめに、誠実に、他者《ひと》との語りに応ずる言葉として表現されていました。また逆に、他方では、吐き出すような拒絶的様相で発せられていました。そして、この両極のいずれもが、その表現形態の違いにもかかわらず、Ｋさんにとっては「嘘」と言わざるをえないものとしてあったのです。

その理由は、次の三つのことがらの二重性にあったと考えられます。

第一は、**言葉と意味の二重性**です。辛さを隠すために発した言葉のなかにこそ、実はKさんの辛さがリアルにこめられていたのです。ですから、隠す言葉を発すれば発するほどに、Kさんはその辛さを重ね、自らにその辛さを突きつけることになってしまったのです。

第二は、言語表現とそのリアクションの二重性、**表現レベルと表出レベルの二重性**です。すなわち、一方で丁寧な対話表現をすればするほどに、他方で、それは吐き出し表現（表出）を強めていくものになってしまったのです。丁寧さは、裏返して自己抑圧の象徴的事態でもありました。ですから、そのような関係性が容赦なく自分のなかに突き刺さり、根を拡げていったのです。

第三は、言葉が担う**感情の二重性**です。相手に合わせようと努力するKさんの感情と、それに耐え切れない思いにとらわれたKさんの感情です。これらの感情が、それぞれの言葉に余りにも正直に担われたために、Kさんは引きようのないところに追いつめられていったのです。さらには、この二面の間の揺れの激しさによって、発した言葉が自らに向けて突きつけられていったのです。それは、まずは激しい言葉で突きだし、あわててソフトな言葉で隠し、その両方に激しい感情をこめてさらに感情が煽られるというかたちで展開されるものでした。

これらの二重性によって、Kさんへの情報は激しく屈折し、内燃爆発のエネルギーを生み出していったのです。またそうしながら、表出の際には激しく屈折を重ねて突き出されていったのです。これらの結果、流れは自分に『無理』をさせてしまう方向へと傾いていったのでしょう。しかも、Kさんはその方向に向かえば向かうほど、「この無理には耐え切れない」という感情を押し殺しつづけてしまったようです。そして、その累積過程が日常となってしまったところに、事態の本当の深刻さがあったようです。

こうして、これらの二重の表現のいずれもが、その表現のし方の違いにもかかわらず、Kさんにとっては「嘘」と言わざるをえないものになっていったのです。加えてまた、Kさんの感情をおもんばかって気遣いの言葉を発した者に向けても、本意の表裏がちがうということで「裏切り」と言ったのです。

3　「嘘」にこめられた『真実』

このようなとき、言葉を向ける相手が互いに感情をぶつかり合わせられる相手であったら、Kさんはどんなに楽だったことでしょう。しかし、Kさんはそうは考えませんでした。逆に、もしぶつかり合いなどしたら、そこには取り返しようのない激烈な状況が待ち受けていると怖れていました。（それは、一理あることです。）そして、その怖れのなかに自己を深く埋めこんでしまったのです。だから、自分のなかにわだかまるストレスを一人で担い、「嘘」と「裏切り」の狭間をどう歩めばよいのかを、密かに手探りしながら歩んでいたのです。手探りしているという姿を隠そうとしながら。

なぜなら、「よい子」を求める大人の目が、自己形成（発達）をめぐる**虚偽のメッセージ**を、Kさんに届けつづけていたからです。「あなたのためよ！」と言いつつ、ときには暖かく、ときには冷たくKさんの言動を包み、縛っていたのです。Kさんの要求に適わせるのではなく、大人の都合に合わせさせるというかたちで。もちろん、悪意ではなく、ほとんどが善意のかかわりとして。ちょうど、大人たちが子どもたちに「ケンカをしてはいけない」「なかよくしなさい」と言いつつ、ぶつかり合ったり呼吸を合わせたりしてかかわる〝わざ〟を会得する機会を子どもたちから剥奪してしまうように…。しかも、Kさんはそのようなかかわりに、心身の奥深くまで、まさに思想的に枠づけられていたのです。

現代社会における『人格の思想的封じ込め』は、ここまで及ぶ恐るべきものです。

このような八方ふさがりのなかで、なおも貫かれつづけたKさんの一面の「嘘」。それは他面で、Kさんの『真実』を、現実のなかに確実に映し出してもいたのです。既に述べたとおりです。「他者《ひと》と気楽に向かい合いたい」という願いがそれです。もちろん「裏切り」という言い方にこめられた『不信』の内実も同様のものでした。いずれも、生きることに向けたKさんの実直さゆえのものだったのです。

そうだとすれば、Kさんのいう「嘘」の実相は、虚偽ではなく、新たな現実を創るところにつながる『真実』のいとなみだったのです。ただ、それがKさんの内部で知的に整理されていなかったために、現実を創るというところにうまくつながらなかっただけです。俗に言うところの〝感情的になる〟〝感情に囚われる〃ところにはまり込んでいったのです。『恐れ』や『怖れ』も含めて。この意味で、その囚われから脱する試みが、Kさんの「嘘」なるものだったのです。

4　命題「失敗もまた成功である」　（読書：第9日）

となれば、ここで失敗と成功のダイナミックな関係に論及する必要があります。Kさんだけでなく、多くの人々が失敗することを忌避し、失敗する自他を責めているからです。

まず第一に、前提として述べておきたいことがあります。それは、『生きる』ということは、現実のあらゆる局面を気楽につなぎ、それによって現実の『生』のダイナミズムを受けとめるということだということです。つまり、現実を自分の納得のいくように創っていくということです。喜びに満ちた自分の人生を、自分のちからで創っていくということです。こうして私たちは、『生』の喜びを維持・発展させる試みを、日常のなかで、意識的に、かつ能動的につづけていくのです。

とすれば、第二に、このような『生』を未来に拓く知性開拓のポイントは、次のところにあるといってよいと思われます。

1．まずは、『生』の事実としての失敗を人生の軌跡のなかにいっぱい生み出していくことです。

2．加えて、失敗の事実のなかの必然性を、単に経験上だけではなく、『理知』のちからによって読みとっていくことです。

3．さらには、ささやかにして確かな成功を生み出すカギ探しの試みを、そこに重ねていくことです。『本物の成功』とは、確かな失敗に裏打ちされたものなのですから。

ここに至ってこそ、第三に、私たちは「失敗は成功のもと」という水準を超えて**失敗もまた成功である**という水準にまで至ることができるのです。というのは、失敗それ自体のなかにも確かな歩みが貫かれてきたからです。そして、その結晶としての成功が、失敗のなかに内包されているからです。

失敗もまた成功であるとは、なかなかいい言い方だと思いませんか？　もちろん、このような命題は、私たちの日常のなかではなかなか出てこないように見えます。他人が認めてくれるときというのは、大抵が成功したときだからです。しかし、それを超えて**失敗もまた成功である**というところまでいくと、気楽です。気楽に自分を出していくことができます。

これは、次の三つのうちの③です。

①所詮、成功は成功であり、失敗は失敗である。

②失敗は成功のもとである。

③失敗もまた成功である。

5　『強食論』『結果論』から『統質論』へ

この三段階を、具体的に言うと次のようになります。

まずは、①の「所詮、成功は成功であり、失敗は失敗である」ということについてです。これは、単純です。「強い者」は「強い者」、「弱い者」は「弱い者」という二元的世界に枠づけられたものです。競争社会を支える基本原理です。ここでは、どんなに多様性を語っていても、最終的には『強』『弱』二元論に帰結するしかありません。そして、すべての者が『弱い者』になることに脅え、相対的な『強さ』のなかで、より高い『強さ』を求めて追いたてられていきます。もし成功しなければ、容赦なく否定の烙印を押されてしまうことを怖れていくでしょう。ですから、これを『弱肉強食論』を縮めて**『強食論』**と呼んでおきたいと思います。

また、②の「失敗は成功のもと」については、二つの異なった筋があります。その一つは、成功が前提になっている筋です。成功したときにのみ、失敗した過去が現実的に容認されるという場合です。もう一つは、失敗に対する慰めの筋です。失敗がつづき、結果が出ないとき、私たちはそんな自分を自分で慰め、励ましながら先へ進もうとします。その慰めの支えは、まだ見えない成功です。したがって、これもまた暗に成功を前提にした論理です。そうしなければ、深い自信喪失に包まれてしまうからです。

こうしてみると、「失敗は成功のもと」という命題は、一方では『結果』に依存するものです。そして他方では、見えない結果に依存した現在《いま》の『慰め』となるものです。したがって、ここでもやはり、成功と失敗は二元論的な枠内におかれています。ですから、この二面を重ねて**『結果論』**と呼んでおきます。

ところが、③の「失敗もまた成功である」というのは、前二者とは次元が異なります。これは、すべてを事実として受けとめ、しかも、そこに未来《あす》を拓く上での合理性と可能性を問うものです。また、それゆえに、『主体』の試みに重ねた現在《いま》のなかに未来《あす》を語るものです。

ここで重要なのは、③においては、未来は常に現在《いま》の肯定面に立脚して語られていくものであるということです。ですから、たとえ失敗の事実があっても、それは失敗では終わりません。失敗の必然性をつかみ、新たな挑戦の筋を拓くことに成功している局面として位置づけられるからです。「なぜうまくいかなかったのかがこれによって分かった！」と、たくましい一歩をもって踏み出すことが、ここに可能となるからです。こうして、成功も失敗も、ここでは一元論的に位置づけられていくことになります。

私は、これを成否の統一論、成否の本質論、合わせて**『統質論』**（私の造語です）と呼びます。

こうして『強食論』から『結果論』へ、そして『統質論』へというのが、ここの構造です。

6　失敗の重要性を見る

加えて言えば、③の内容は、決して『結果論』としてあるのではありません。このことは、得た成功を他者《ひと》と共有しようとすれば、すぐわかります。あるいは、失敗のなかで苦悩している人と向かい合ってみれば、すぐわかります。そのときこそ、それまでに得た失敗が、相手を受けとめる上でいかに大きな土台となるかがわかるからです。また、失敗の事実が、いかに苦悩する他者《ひと》の内面に共感的に自分を向かい合わせてくれるものであるかがわかります。これは、最後にKさんの展望として語るところです。すなわち、**失敗と思っていたものが、実は、ものごとへの密度の高い、もしくは幅のあるかかわりの支えとなっている**ということです。

このように、ものごとの本質にいたる道は多様です。そして、それぞれの人の持ち味に適《あ》った道があります。それらの発見や開拓を通じて、適・不適を超えた方法原則の解明（区別と統一）が成っていくのです。ですから、自分の『生』を大事にする限り、失敗は決して失敗に終わらず、その人固有の歩みとなるのです。これが、先に書いた私の〈自分と向き合う視点〉です。

ちなみに、カウンセリングなどでは、しばしば、「ありのままを受けとめる」「まるごと受容する」ということが言われます。このような言説が、一定のブレーキとして、もしくは自己決定を保障する視点の具体的表明として、有効性を発揮することがあるのは確かです。関係において上位にある者（たとえば制度上の教師や親）が一方的に相手（たとえば制度下の子ども）の意思のありようを枠づけてしまう状況と向かい合う場合です。また、ゆったりと時をすごすことが発達上の課題になっている人が自分の意思を受けとめてもらうことによって一歩進むことができそうな状態にある場合です。

が、そうでない場合には、違ってきます。否定枠にはまってあがく人に対しては、これでは脱却の方途を示していくことはできません。端的に言って、『受容』の真意は、主体（クライエント）に適った道を探ることを前提として、世界を共有することだからです。それによって、主体の生きる世界の支えどころ、すなわちその本質を一緒に探ることだからです。この意味で、『受容』とは、相手の課題内容を受けとめ、囚われている否定枠からの脱却の方途を一緒に探ることです。

　厳しい言い方をすれば、このような認識なくして「ありのままを受けとめる」「まるごと受容する」などというのは、傲慢・詭弁《きべん》といえます。相手との関係で言えば、単なる状況放置になりかねません。それは、無責任表明に等しいものです。『受容』と『受入』の概念的な区別がないからです。

　私の前に登場してくるさまざまな相談ごとのなかには、そのような言辞を貼りつけられて放置状態におかれ、より深刻さを増してしまったケースも多くありました。それは、「ありのまま」「まるごと」なるものが、現象世界・静的世界として受けとめられ、主体の側から言えば、内容の本質を探求することを放棄させられてしまった結果です。あるいは、自らの課題とズレた世界に依存させられてしまった結果です。（ですから、私は「ありのままを認める」というような立場はとってはきませんでした。だからこそ、Ｋさんは私に語りかけつづけてきたのです。）

7　『批判』と『非難』の区別を　（読書：第10日）

もう一つ、失敗にかかわって論及しておかなくてはならないことがあります。それは、失敗に対する『批判』と『非難』の問題です。

私たちの周りには、しばしば成功しない人（or自分）や、失敗してしまった人（or自分）を責める人がいます。しかし、それは理屈にあったことではありません。『責め』は、『批判』ではなく『非難』です。**『批判』**は、その失敗のしくみを一緒に検討することです。そして、成功（納得）という一つの筋を開拓する支えどころを解明することです。ですから、『批判』は決して『非難』とは相入れないものです。（もちろん、傷ついている人は、しばしばその傷に触れるようなメッセージを届けただけでも、『非難』と受けとめてしまうことがあります。そのような受けとめ土壌がそこにあるからです。だから、一方では『異論』『反論』の自由、すなわち『言論の自由』の保障という問題が出てきます。（また他方で、『癒し』の問題が出てきます。が、ここでは、その問題は横におきます。）

ここである程度明らかにしておきたいのは、『非難』する人の問題です。「なぜ責めるのか」ということです。**『非難』**する人は、失敗を失敗として指摘するところまではできています。が、失敗を指摘するちからが、『関係創造的』なものとして生きてはいないのです。その結果、意図するとしないとにかかわらず、支配・被支配の関係の上に自己を君臨させるものになってしまっているのでしょう。残念です。

なぜ、そのようになってしまうのでしょうか？　そこには、次の三つの理由が考えられます。

●ひとつは、強い**権力志向**に囚われているときです。あらゆるものを自分の支配下におくことを求めるならば、登場する自立性に対しては攻撃的に向かわざるを得ません。そのとき、『非難』は、指示・命令・裁断のかたちで責めを貫くでしょう。そこでは、相手が負うべき『責任』は、常に失敗したとき公然たる責めを受けるべきだということを前提にしています。

●もうひとつは、試行錯誤の過程を振り返る（対象化すること）ことができていないときです。その心性において、**自己中心性**から脱却できていないときです。その人にも、失敗を失敗として語ることができるほどの試行錯誤はあったのでしょう。が、その過程が意識化されてはいないのです。そのために、教訓的経験が、いわゆる「喉元過ぎれば、何とやら…」となっているのです。

●もうひとつは、その人が依然として**失敗はマイナス**のものとして怖れ、否定しているときです。失敗と対面することを怖れているときです。そのときには、たとえそれが他者《ひと》の失敗であっても許せなくなります。自分に向けた失敗への許せなさが、転じて他者に向けられ、さらに転じて自己に向けられてくるという重層的循環構造がそこにはあります。

私たちが自己の内面として日常で出会うのは、後二者です。この二者に共通なのは、失敗を重視する視点が欠けているということです。失敗を失敗としてしか見る目がないということです。**失敗の必然に裏打ちされた成功**を知らないからです。そのような人の思考は、おそらく、与えられ、もしくは強迫的に固められたカタチとしての成功に枠づけられているのでしょう。そして、その枠から脱却できないでいるのでしょう。

しかし、得られた成功がどのようなものであろうと、そこにはそれまでの試みによって汲みとられた失敗の事実が、ダイナミックに内包されているはずです。それは、先の『成功と失敗の一元論』のところでも述べたとおりです。科学の歴史を見ても、個人の経験史を見ても、それはうなずけることです。

それなのに、私たちの日常は、なかなかここまで理解が及んでいません。そして残念なことに、学校教育における教育の内容や方法は、失敗やそれに支えられた「歴史」や「社会」の現実に割り込むクリティシズム（批判・検討）をしばしば欠いてしまっています。「いいことを早く学ぶこと」に、課題が一面化されてきたからです。また、ある視点から見れば批判・検討による学びは、一見、非効率・不合理に見えるからです。さらには邪魔であるとする者さえもいるからです。それらが、**制度知**への適応過剰を促すことを基本とした教育構造・文化構造へと、学校を結晶させていったのかもしれません。

ともあれ、日本の文化のなかでは、『批判』という概念はなかなか育ちにくいようです。実際場面では、「ひなん」と「ひはん」が発語上似ているということも作用しているのかもしれませんが。いえ、それは冗談としても、両者は「否定」面にスポットを当てるところが共通しているからということはあるでしょう。しかし、『批判』と『非難』は全くもって似て非なるものです。私たちは、現代に生きるものとして、それを切り分けるちからを持ちたいものです。

8 「感情的痛み」ではなく「知的痛み」を

このことを、もう少し強いトーンでくりかえしてみましょう。

『批判』は、『否定』や『非難』ではありません。『批判』とは、よいところと悪いところを切り分け、よいところを支えにして悪いところを課題化することです。それによって、課題にアプローチする筋を拓くことです。

しかし、『批判』はなかなかこのようには受けとめられていません。あることがらについて批判されたり及ばなかったりすると、そのことがらにかかわる者は、**知的痛み**ではなく深い**感情的痛み**に包まれてしまうからです。そして、自分が否定されているように感じてしまうからです。そのような感性を持った者が他者《ひと》と向かい合うと、ものごとに対する批判的検討は、いつの間にか攻撃的な『人格批評・人格非難』にまで転じていってしまいかねません。あるいは自閉的沈黙のなかに埋もれていってしまいかねません。このような関係のなかでは、もはや対話や議論は成立しないでしょう。それらは、対等な関係においてこそ成立するものだからです。それが成立しないのは、哀しいことです。辛いことです。

しかし、そうでない人もいます。

それは、**「確かな失敗を創る」**ということに成功してきた人です。そのような人は、成功の本質が失敗にあったということを理解している人です。ですから、厳しく、かつ暖かく向かい合うことができるのです。成功しない人に寄り添い、励まし、要求し、成功への一歩を共同で探ることのできる人です。的確な状況判断と、それを基礎にした語りかけや問いかけ・呼びかけを、気楽に、かつ明るいトーンで展開できる人です。総じて、『批判』のちからを知性に織りこんでいる人（分析・総合によるポイント把握と方法構築のできる人）です。すぐれたリーダーというのは、こういうカタチで姿をあらわしてくるのではないでしょうか。本人がそのように求めなくても、フォロアーが求めてくるという形で…。（「リーダー論」については、重要ですので、最後にとりたてて一項設けています。XII 8～12）

さて、このようにみてきますと、成功や失敗に自らの次の一歩をつなげること（応答可能性）は重要です。これが、自らが担う責任（responsibility）です。ですから、『責め』は不要なのです。しかし、Kさんは自らを「優柔不断」であると言って責めています。とすれば、それが適切ではないことについて、さらに論及する必要が出てきます。ですから、つづけましょう。

Ⅵ『優柔不断』の確かさをさぐる

1 『優柔不断』とは何か　（読書：第11日）

Kさんは、自身について言っています。

「〝優柔不断〟が最たるものか。」
「ハッキリ言えないのは優しさでも何でもない。」

Ⅳでも述べたように、Kさんは「ワガママ、甘ったれ、自分勝手、嘘つき…」と並べながら、自分を責めたてています。『明確な意思決定』『明確な結論』を表示できない自分を責めているのでしょう。そして、Kさんは、「失う」ことや「嫌われる」ことが恐いから「ハッキリ言えない」のだと言います。さらに、『弱い』自分の「最たるもの」として「優柔不断」をあげています。《矛盾》のところで「裏切られるのが恐い」と言い、「自己が確立していない」と言っているところに重ねてみますと、それはかなり強いもののように見えます。しかし、私は言いたいと思います。「ハッキリ言えない」ということは、決して「優柔不断」と同じではない、と。

なぜなら、事実は多面的・多層的で、そこに一本の筋を立てるというのは容易なことではないからです。何よりも、一つのことがらに向けた『論』は多様に成立しうるものです。視点のおき方によって、中心になるもの、軸になるものは変わってきます。ですから、もし統一的な視点や論理を組むちからがあれば、その変動性に対応することは可能でしょう。が、それは、言うほどに容易なことではありません。

仮りに、簡単に『結論』を示すことのできる人がいるとしたら、その人は相当に確かな判断力の持主でしょう。あるいは、かなり無邪気な判断力しかもつことのできていない人でしょう。どこでどう論理を結ぶのか（結論を出すのか）の判断を下すのは、それほどに難しいことです。厳密に言えば、緻密な**論証**や歴史的な**実証**なくしては、結論など出せないとさえいえます。いえ、出せたとしても、なお、その結論は否定されていくのです。それが、『探究』による深化・発展の過程です。

だから、膨大なエネルギーと時間と知力を必要とするそのいとなみを、私たちは一方では研究者に委ねているのです。そして他方では、生活者として日常のなかで自ら問いつづけているのです。両者ともに課題限定的もしくは対象限定的、場面限定的にそれを行ないながら。前者は専門的に、そして後者は生活総合的に、アプローチを重ねて。こうして両者は論証や実証を通して相互に補完し合い、また統一されていくのです。そして、生活のなかで、より緻密でより確かな関係へと移行していくのです。

現在《いま》を歩みながら、未来《あす》を生きるために、当面の『結論づけ』をしていく私たち。その背後には、このような構造の社会的情景があります。これが、人間の一見不合理な、しかし、だからこそ文化的存在として生きつづけていくための支えどころと思われます。もっと積極的にいえば、矛盾を超えることを探りつづける『主体』にとっての、かけがえのない支えどころです。

2 『人間の尊厳』につなげて

こうして、ミクロの世界から宇宙（universe）の広がりにいたるまでの、そして身体から精神の世界にいたるまでのさまざまな問題探求を、私たちは歴史と社会のなかで進めていくのです。一方では研究（study）の場で。そして、他方では生活（life）の場で。その支えどころがともに生きる世界（community）をつくる営みとしてのコミュニケーションです。また端的にいって、その成果としての知識や智恵を意図的に授受する場として、学校は作られているのです。

こうして、人類がくぐってきた幾多の歴史的教訓を基礎にして、あらゆることがらが個人の認識において判断されることが可能な時代になったと言えます。また、それが尊重されるべき時代状況に至ったといえます。**個人の尊厳**という一見意味不明の現代的キーワードも、このような流れのなかにおいてみると、私たち一人ひとりの存在のあり方を支える基本として、きわめてリアルな意味をもっていることがわかります。（制度化された学校が、一面でこのような文脈に背いた機能を負ってしまったという事実はありますが。しかし、他面で、学校教育がこの文脈を大きく発展させてきたということも、厳然たる事実としてはあります。）

ともあれ、こうして、私たちは学習を通じ、また探究と創造の道を歩むことによって、歴史のなかに『生』を開いて（拓いて）きました。そこには、自己の**主体化と社会化**の結節点を創るためのコミュニケーションがあったはずです。（Comm とは、世界を共有することです。膨大な時間と空間、人間の歴史と社会を共有する過程。それが、学習や探究や生活におけるコミュニケーションです。そして、その基本型が『対話』です。）そのコミュニケーションこそが、さまざまな水準の『生』の支えどころでもあります。ですから、『生』のありようを問う際には、**何とどう『対話』しているか**という視点からコミュニケーションの質を問わないわけにはいかないのです。

ここで、私とKさんの個人的対話の位置もはっきりしてきました。現象としては、私とKさん二人だけの『対話』にすぎません。が、内実は、私のなかに生き、そしてKさんのなかに生きている人々との『対話』でもあります。さらには、私たちのなかに生きている人間の歴史と社会相互の『対話』でもあります。このような位置における『対話』だからこそ、ここまでの語りが可能になったのでしょう。

驚いたことに、私たちはいま、このように一個人につながる世界の構造を、**人間の尊厳**につなげて一気に自分の判断のなかに再表現しようとしているのです。だとすれば、論点に戻って言えば、これほどまでに大規模なものを、そう簡単に「ハッキリ」した『結論』につなげることなどできるわけがありません。

裏返して、だからこそ、現在出されている結論には、ある種の工夫が織り込まれているのです。その工夫とは、高度な**『便宜性』**です。工夫としての便宜的結論をおくことによって、私たちは、自分のなかに、あるいは相互の間に、理解の節目を創っていくことができます。また、それによって、『便宜』の合理性や妥当性も問われていきます。そして、そこにコミュニケーション主体としての私たちが登場してくることにもなるのです。

こうしてみますと、Kさんが迷っていたのは、決してKさんが「優柔不断」だったからではありません。逆に、自立的な人間が、自分なりに納得の筋を開拓するための試行をしている姿です。さらに言えば、それは、ダイナミックな『生』のいとなみの能動的な自己表現だとさえいえるものです。ならば、大いに「優柔不断」であってよいのではないでしょうか。

3　能力主義を超えて――生きた対話の再構築を

では、なぜKさんはそれほどに自分を「優柔不断」であると言って攻めたててしまったのでしょうか。

それは、Kさんが**能力主義**のなかに深くとりこまれてきたからです。能力主義は、人間の知的結晶としての文化を探求的に引き受けることを許しません。個人の能力を〝できるかできないか〟で割り切り、できる者のみを肯定するような、**反知性の文化**で世界を包み込んでしまいます。

そこでは、知識は『疑いのない結論』として位置づけられていきます。そして、その結論をもっているか否かがその人の価値であるかのごとくに粉飾されていきます。ですから、認識する者が客体となり、所与の知識が主体となってしまうのです。主客転倒の構造です。Kさんは、その枠組みにはめこまれてしまっていたのです。

私たちは、何としてもここから脱却する必要があります。Kさんの場合にも然りです。ですから、くどいようですが言います。

私たちが活用しているさまざまなことがらに関する結論、すなわち知識は、私たちの歴史と社会のなかに生きた**人間知性**の概念的結晶です。それゆえにまた、歴史と社会を自己内に取り込むための知的道具です。しかし、それは同時に、文化として共有しうるしくみ（概念世界）を言葉に移して表わした、ある意味できわめて便宜的なものです。ですから、知識は結論として使われつつ、実は、その背後でさらに問いつづけられているもの、問いつづけられていく（べき）ものだと言えます。とすれば、世界の森羅万象をめぐる結論が簡単には出てこないというのは、やはり当たり前のことです。

私はここでも、さまざまな知識は「ある意味できわめて便宜的なもの」と言いました。このように言うこと自体も、また、一つの**『便宜』**です。が、これは単に不可知論的な言明ではありません。あらゆる

『便宜性』は、当該のことがらが一定解明されたことに拠っているからです。だからこそ、私たちはその『便宜性』を橋渡しにして、新たな学びや未知の世界への探究を展開することができるのです。そして、やがてはその『便宜性』をそぎ落として、新たな『便宜』を構築しながら、知識の中身をより確かなもの、真なるものへと近づけていくことができるのです。

こうして私たちは、多くのことがらを時間をかけて問いつづけていきます。これによってまた、合理的な『便宜』はそのベールを脱いでいき、根拠のない（権力的・権威主義的）『便宜』は駆逐されていくことになるのです。

ですから、『生』の世界を未来につなげるためには、少しずつ開（拓）かれていく小さな一歩を大事にしながら、その一歩を確実に重ねていくことです。このことによって、学びと探究の過程には、認識主体としてのKさんはじめ、私たちそれぞれが登場していくことができるのです。自らの人生展望を内側から開拓・構築する世界を実質化していくのか。それとも、能力主義的に個人の心身を分断してしまう世界にとりこまれていくのか。このような生死の分岐点をくぐって、Kさんもまた現代の若者として、前者を歩んでいくことになるのです。

『便宜』の重要性（裏返して「危険性」）については、この程度の論及でよいかと思われます。が、方法論上の問題としてもう一つつけ加えておきたいと思います。

それは、**ものごとに割り切りをつける**ということです。もちろん、ものごとの内容の組み立てが、ことの流れや構造に割り切りをつけてくれる場合もあります。しかし、ものごとはそうきれいに収まるものではありません。また、割り切りがつかないほどに混迷している場合も少なくありません。そして、そのようなときほど、問題を整理することが必要となります。ですから、そのような場合には、**内容的に、**もしくは**時間的に**便宜上の区切りをつけることです。それによって、整理の節目をつくることです。これは、決して消極的なことではありません。割り切りをつけるということは、ものごとの妥当性を（内容的にも方法的にも）問うためのスモール・ステップを重ねていくということでもあります。それによって、私たち一人一人が、その問いを担う『主体』となっていくということです。

だとすれば、私たちにとって何よりも大切なことは、与えられた結論に忠実になることではありません。また、理念レベルの『思い』に自分を縛りつけておくことでもありません。逆に、大胆にそれらを**問うこと**です。そうすればこそ、当面の結論を出すことが必要かつ可能になるのです。「結論にまで至ってはいない」という結論のもとでの、ひとつの結論も出せるのです。私がKさんに求めた唯一のこと、**『試行錯誤』**とは、この意味で、合理的な便宜性を生み出すための割り切り訓練をし、異質なことがらそれぞれが持つ相互の独自性と相互の連関性、それらを尊重するちからを自分の中に育てていくことです。

4　『便宜』を活かす——与えられた結論を超えて

ということで、Kさんの苦悩の構造を、『便宜』ということにかかわって再び確認します。情景として言えば、Kさんの場合は、折々に眼前に登場してくる結論に引き回されていました。それゆえに、自分なりの判断枠を創ることができていませんでした。そして、それにいらだって、とにかくKさんなりの結論を作ろうとしていました。しかし、眼前に登場してきた結論も、Kさん自身が作った結論も、それぞれ外部現象の一面であり、Kさんの感情の動きを引き出すものの一面にしかすぎませんでした。が、Kさんはそれらに囚われ、しかもその上に、「結論は『唯一絶対のもの』でなくてはならない」と考えていたようです。ですから、Kさんは結論が出せなかったのです。

Kさんは、便宜的に一つの節目《ふしめ》を作りまとめるということを、自分に許せないでいました。便宜的という方法概念自体が、Kさんのなかから排除されていたからです。『便宜』は「嘘」（虚偽）と同義に近いものとして、Kさんのなかでとらえられていたからです。

その意味で、混迷するKさんのなかには、別のKさんが登場していたとも言えます。自分なりに納得できる結論を率直に出そうとしていたKさんです。他者《ひと》によって示された結論と向かい合う他方で、自分なりに納得への道を探っていたKさんです。ときとして、自分の感情を刺激する者を、ただちにマイナスの結論に重ねて断じてしまったこともあったようです。「人をバカにしている」「知識をひけらかしている」等と反応したように。あるいは、自分の思いがかなわないと、「結局あの人は、他者《ひと》のことなど理解しようとしていない」と言って、無理して結論づけてしまうこともあったようです。（もちろん、『対話』があれば、これらは『仮説』としての位置を得ていきます。さもなければ、『感情の吐き出し』として攻撃性を強めていくものになってしまいます。）こうして、なお、納得への道を探り続けていたのです。

このように、Kさんは必要以上の感情をこめて、心底まで納得した結論をなんとか仕立て上げようとあがいていました。ですから、逡巡が拡がっていったのです。いかざるをえなかったのです。自分を大事にしたいあまりに相手を傷つけまいとし、そしてそれゆえに自分を抑えていったのですから。相手への『批判』が『否定』になってしまうことを怖れていたのですから。だから、まずは結論の批判的検討を回避し、さらには与えられた結論に過剰適応してしまう、ということになったのです。そうして、意に反して、感情による吐き出しに向かっていかざるをえなくなってしまったのです。さらには、相手の世界に適合できない自分を責めるしかない道に、自分を追いやってしまったのです。それがKさんの苦悩の構造でした。

5　『便宜的結論』は未来《あす》への仮説

こうしてみますと、私たちが納得と安心のなかで自立に向かうためには、『探究的な出会い』が必要なようです。それは、眼の前に提示された結論を批判的に検討しつつ、それを受けとめ、自分自身の足場として組み立てていく機会との出会いです。

そのような出会いが、Kさんの学びの歴史のなかにはなかったのかもしれません。そのために、結論の多面性や多層性、多次元性と向かい合うことができなかったのかもしれません。だから、出された結論に一面でしか向かい合えず、「できるかできないか」の枠づけのなかに自分を追い込んで行ったのでしょう。（しかし、それにもかかわらず、Kさんの理知がそこに貫かれてきたことを、私は見落とすことはできません。その理知が、『問い』ではなく『疑い』として屈折してはいましたが。）

こうしてKさんは、相手が提示した結論に対する異論を気楽に立てることのできない、そんな日々を過ごしてきたのでしょう。『異論』につながる違和感や衝動を気楽に表現することができないままに、ときをすごすというかたちで。ですから、さまざまなトラブルを通して心底から自己を表現する（それを他者に受けとめられる）という、乳幼児期以来の学びの基本構造や視点が消されてきてしまったのでしょう。

こうしてKさんは、ずっと、その場その場で、相手と同じ結論をもっているかのように装ってきたのです。

次のような構造で…。

①提示された結論が自分の求めるものとは異質であることを感じつつ、
②しかし、それにもかかわらず、同調してしまった自分を意識して。
③そして、その苦悩に揺さぶられる自分を怖れ、同調してしまった結論に必要以上に感情をこめてしまうというかたちで。

Kさんは、このような**三重の苦悩**に自らを漬けこみながら、「優柔不断」な自分を責めていたのです。裏返して、無理に無理を重ねながらも、感情の隅々まで納得できる自分の結論世界を求めていたのです。そうだとすれば、一連の過程で折々に出さざるをえなかったKさんの結論もまた、いうまでもなく、当面の『便宜的な結論』でした。その意味では、Kさんは未来に向けた仮説を折々に立てていたのです。さらには、やがては社会的に導き出されるであろう、新たな結論づくりへの能動的参画を試みていたのです。ですから、ここには『責め』ではなく、『問い』こそが必要となるのです。Kさんの能動的な試みの事実を表に出すために。

こうしてみますとKさんが「優柔不断」と言い、「嘘つき」と自らに対して言うのは、やはり、きわめて不適切なことだといわざるをえません。総じて、冒頭に掲げたKさんのメモも含めて、Kさんの表現は性急です。が、その性急さの陰で、自分の内面から表出されてくるものを見つめてもいたのです。それらを問い返し、自分の歩みを組み替える試みを妥協なく重ねてきていたのです。その意味で、Kさんの現在《いま》は確実に未来《あす》に向かっているといってよいでしょう。ただ、このようにいうほどに感情の動きが緩やかでないところに、いまのKさんの苦しさがあるのでしょうが…。

以後、そのあたりをもう少し掘り下げてみたいと思います。

Ⅶ　『感情』への囚われ

１　『感情』は誰のものか？　（読書：第12日）

掘り下げてみたいのは、『対話』の成立を阻む『感情への囚われ』ということについてです。その際、二つの点について述べていくことが必要だと思います。一つは「感情は誰のものか」ということです。もう一つは、「二つの結論に固着する心性のしくみはどうなっているのか」ということです。

まず、『感情』について述べましょう。

私は、声を大にしてKさんに言いたいと思います。

「Kさんの感情はKさん自身のものである」と。また、当たり前のことですが、裏返して**「他者《ひと》の感情は他者《ひと》のものである」**と。『対話』は、このことの上に成り立つものです。もし、自分の感情で相手を包みこむこと、また、相手の感情に自分がドップリつかりこむことが当然…としたらどうでしょう。そこには『対話』は成り立ちません。同調、もしくはズレが支配していってしまいます。感情レベルの向かい合いは、しばしば、一方の他方への追随や隷属を求めてしまいます。あるいは、両者の間に敵対的決裂をもたらしてしまいます。たとえ、一時的に深い相互理解が成立しているように見えても、それは同調ゆえの一時的な錯覚です。『ほんね』を求める心性は、ここに陥る危険性をもっています。なぜなら、そこには自分の感情に同調するメッセージを求め、それ以外は『たてまえ』として排除する構造があるからです。**『たてまえ』もまた、『たてまえ』という形の『ほんね』**なのです。

重要なのは、『対話』とは、すぐれて相互独立的な関係のなかでこそ成立するものだということです。そして、『感情』はそのような関係のなかにあってこそ、自他の理解の深まりと拡がりを支えるものとなるのです。このことを、もう少し具体的な水準で言いますと、それは**『感情表現の質』**の問題です。

当たり前のことですが、感情表現が単に感情の吐き出しであるならば、それは相手としても受けとめようがありません。しかし、感情表現が自他いずれかの理知に重なるものとして表現されているならば、それは受け手の理解を促すインパクトとして作用していきます。言語表現が『感情排出』となるのか、それとも『感情をこめた論理的なもの』となるのかの違いです。あるいは、理解が『情緒的なもの』となるのか、それともリアリティーに満ちた『理知的なもの』となるのかの違いです。

情緒的な呼応は、一見、『共感』に見えます。が、実のところは単なる『同調』にすぎないことが多いものです。『共感』と『同調』は、実質はまったく別のもの、似て非なるものです。したがって、真の理解においては、自己内における**理性と感情の統一的交流**が必要であり、また相手とのそれぞれのレベルでの交流が必要になります。

この理性と感情、および自己と他者《ひと》は、決して対立するものではありません。どこでどう感情を出すか、どう感情をこめるか、どう感情を吐き出すか…。実践的には（日常の生活の中では）、それが語りのなかで検討・構成されていくことになります。それによって、自他相互の関係の質がきまってきます。この点についての理解が必要です。

これに加えて、さらに留意しておかなくてはならないことが二つあります。

一つは、感情に支配された表現は、勢い権力的な関係、もしくは依存的な関係に自他をはめ込んでしまう危険があるということです。そこには、自分の感情の動きを相手が受け入れなければ安心できないという構造があるからです。さらには、自分の感情の動きに相手が従わなければ相手を許せない、ということにさえなりかねないからです。

もう一つは、さもなければ、自分を**自己破壊的自己否定**の感情にまきこんでしまう危険があるということです。自分の感情や感情表現の権力性に気づかず、深い孤立感に囚われ、『他虐』が転じて深い『自虐』になってしまうからです。

感情に支配され、感情に囚われた表現の突き出しがもたらす深刻さは、このようなものではないでしょうか。そして、Kさんの苦悩の深さはここにあったと考えられます。一方では金力・権力・暴力にとらわれた感性ゆえに、権力的・依存的になる自分を見ざるをえなかったのでしょう。そして他方では、離れようと思いながらも離れることができない、強い自己破壊的自己否定への巻き込まれ不安を感触せざるをえなかったのでしょう。

この両者（正確には三者─権力的自己・依存的自己・追随的自己）にはさまれて歩むことは、容易ならざる苦しみであったと思われます。

2　気楽な一歩の踏み出しを

そこで、Kさんに言いたいことがあります。それは、感情の抑圧という手法によっては、権力的な関係や自己破壊的自己否定への危険の回避はできないということです。仮に回避できたとしても、一時的なものにすぎないということです。ですから逆に、感情を気楽に吐き出し、それを通じて感情のなかにこめられたエネルギーを見届けることです。そして、そのエネルギーを活かす方途を、事実を通して探ることです。それによって、生きた、感情のこもったコミュニケーションへの組み替えが成っていくのです。いまKさんに必要なのは、そのように気楽に向かい合える他者《ひと》を、そして時と場を、自らに保障してやるということです。

これは、気楽に甘え、そして気楽に議論できるような他者《ひと》との出会い（思春期的出会い）のない人にとっては、大変難しいことです。なぜなら、気楽さは、受容的な対応能力をもった相手との向かい合いや、楽しい時空間との出会いのなかでこそ、生まれてくるものだからです。

そのような気楽さを欠き、困難を心身に刻み込んでしまっている人たちの姿は、近年、あちこちに見られます。二〇世紀末年あたりから日本社会でも問題化されてきた『アダルト・チルドレン』や『共依存』といった概念で捉えられる事態は、まさにこの噴出状況であったと私は見ています。それほどに、社会的・文化的な問題となっているのです。加えて、おそらくは、Kさんのご両親や身近な方々においても、同様の困難や影をひきずっている方々がおられるのではないでしょうか。そして、だからこそKさん自身も、そのような身近な社会的状況の軋轢《あつれき》を一身に受けとめ、担ってきたのでしょう。さらに、だからこそまた、Kさんはこんなにも苦しむことになったのでしょう。

だとすれば、念頭においていただきたいことは、**感情への囚われからの解放は、自他関係の創造を通じた知性の開拓によってこそ成る**ということです。そして、この間のKさんは、その過程を確実に辿ってきていると思われます。本当によかったと思います。

3　〝一つの結論〟への執着

もう一つ、ここで展開しておきたい議論があります。それは、「Kさんが一つの結論をもつことに執着してしまうのはなぜか？」という問題です。考えるに、それもまた、Kさんの個人的特性からきている問題では決してない、ということです。その点を、学生世界に広く浸透していると思われる状況と重ねてもう少し語っておきましょう。
大ざっぱな言い方ですが、Ｋさんの立っている状況は次のようなものだと私は読んでいます。

一つの結論を出そうとするが出せない。出すことを怖れる。そうしながら一つの結論にしがみつく。そして、一つの結論を出せない自分を「優柔不断」と呼ぶ。その上でさらにまた一つの結論にしがみつき、結論をもっているかのように装ってしまう。そんな自分を、Ｋさんは自ら「嘘つき」と呼ぶ…のです。

このような構造は、多くの学生たちに共通です。「わからない」と言えない。それは、「一つの結論がないと不安になる」「すぐ分かったつもりになる」「分かったふりをする」「またそうすることが怖いから沈黙する」等々に現れています。そして、その背景には相応の必然性があると私は見ています。
たとえば、「一つの答えがないと不安だ」と言う場合です。それは、彼・彼女らが高校までの学習を通じて、〃一つの答え〃をもつかどうかが判断（力）の有無を決定するもの、と思い込まされてきたことによるのです。さらに、その一つに『適否』『合否』がおかれ、その適・合には『真偽』の『真』があり、また『未来』があると思いこまされてきた、ということです。しかも、重大なのは、それらが一気に重ね合わされ、かつ平面化されて『一般論』のなかに押し込められ、自分の現在と未来を正誤・善悪で二分割させられてきた状況がある、ということです。こうして、思考はそこに枠づけられ、「一つの答え」を出すこと、出さねばならないことに過剰適応することになったのだと考えられます。そして、Ｋさんもその一人でした。だから、自分を「優柔不断」と責めたててきたのでしょう。

しかし、そのようなKさんが、いま、自己の内部に**『文化的転換』**を呼び起こそうとしています。点数化、序列化された世界に生きながら、どうしてもそこになじめなかった自分と向かい合いはじめています。そして、そんな自分と実直に向かい合ってしまったために、自分を「優柔不断」と断じてしまったのです。しかも、そんな自分を何とか救おうとして、「優柔不断」のなかに立ち止まってもいます。その上でなお、所与の結論に従おうとする自分を「嘘つき」と言いつつ、そこから脱却させようとしているのです。これほどに多層的・多重的な現実のなかに、Kさんは、そしてまた現代の若者たちは生きているのです。

（読書：第13日）

4　背後の『正直さ』と『確かさ』

ということで、「優柔不断」にかかわる問題については、そろそろ結論づけたいと思います。またまた繰り返すことになりますが、言いたいと思います。

Kさんが自らを「優柔不断」と言い「嘘つき」と言うのは、これまで論究してきたように、Kさんの**『正直さ』**ゆえです。そしてまた、一面での頑迷さはあるものの、実質的には『生』の世界に向かい合うKさんの**『確かさ』**ゆえです。ですから、Kさんの否定したいところが、私には肯定的なものに見えてしまうのです。この意味で、私がKさんのなかに見ていたものは、社会常識やKさんの自意識とは全く異なった世界です。

社会常識による見方は、あえて単純化すれば、ものごとに対する子どもの姿を二類型にパターン化してしまいます。一方は、「真面目で素直なよい子」です。そして他方は、「何をしでかすか分からない危ない子」です。そして、Kさんの自意識（内的視点）はそれらに呼応するかのように、他者《ひと》のまなざしへの囚われによる『すくみこみ』、もしくは『感情の吐き出し』のいずれかになっていました。

それに対して私の視点は、Kさんの感情の動きと他者《ひと》のまなざしの両者をつなぎ、それぞれの質と両者の結節点に浮かび立つKさんの要求を汲み取るものでした。さらにそこに、『知性』という概念をおくことによって、そこに浮かび立つKさんの**『肯定面』**の発見とその**『発展性の筋』**を解明しようとするものでした。

（Kさんと向かい合いはじめた頃、私はポケットの中でナイフを握りしめていたKさんに言われました。「お前は、そのように私を認めるフリをしながら逃げようとしている」と。そう言われながらも離れずに対話を重ねてきたのは、このような事情によっていたからです。）

もちろん、このような『筋』を実際に構成していくのは容易なことではありませんでした。絶えざる揺れ動きのなかに引かれる『筋』だからです。それほどに、Kさんたち現代の若者の揺れによりそうのは難しいことだともいえます。それは、思春期から青年期への移行過程によりそうこと、疎外された自己を超えて、能動的に構築しようとあがく者の試みによりそうことだからです。

とすると、ここで留意しておかなくてはならないことがあります。それは、議論の焦点は「よりそう者」と「よりそわれる者」との関係についてではないということです。**よりそいの対象は、相手の『生』の「過程」や「試み」だということです。**すなわち、よりそうということは、**『発達論』『文化論』『組織論』**を関係当事者が共同構築する過程と重なるものだということです。Kさんの苦悩の深さ、重さ、そしてそこからの脱却の一歩は、改めてそのことを教えてくれました。

5　「ハッキリ言えない」ことの確かさ

ということで、この上に立って、もう一つの問題にスポットを当ててみたいと思います。
スポットを当てるのは、「ハッキリ言えないのは優しさでも何でもない」というKさんの言葉です。これは、Kさんのメモのなかの《自己中心的》の項で「自分さえよければいいのか？」との自問につなげて出された言葉です。

この言葉の本旨の一面は、Kさんが他者《ひと》に対して自分の感じたこと、考えたことを「ハッキリ言えない」ということだと思われます。「自分の考えをハッキリ言ったら相手の感情を害してしまうのではないか」「嫌われてしまうのではないか」という怖れと重なる気づかいが、Kさんのなかにはあったのでしょう。そのような気づかいが、Kさんの優しいところでもあります。が、同時に、**そのような気づかいが、**

ある種の怖れとなって、自虐性を呼び起こしてもいたのです。

ふりかえってみますと、かつてのKさんの語りは、自身の「言いたいこと」に支えられたものではありませんでした。そうではなく、単なる感情表出の道具としての言葉に縛りつけられたものでした。分かりやすくいえば、Kさんは感情を吐き出すための道具としての言葉を放出していたにすぎなかったのです。ですから、その言葉は相手の感情や思考と向かい合うことをテーマとして機能するものではありませんでした。そのために、受けとめ側も戸惑い、腰を引き、また、その反応を受けたKさんもますます混迷していったのです。

しかし、他面では、この「ハッキリ言えない」ということは別の世界に向いたものでもありました。それは、「自分の支えになってくれる人と歩みたい」という願いです。

事実として、Kさんが思いや意見を「ハッキリ言えない」と感じていたのは、Kさんの吐き出しを許容する他者《ひと》(「自分にとって大切な、近い人々。気のおけない人々…」)に対してでした。だから、許容してくれる相手が消えてしまうことをいつも怖れていたのです。その状況は、次のように想定されます。

①相手が遠回りの表現をしているときには、「自分を回避しようとしているからハッキリ言わないのではないか」という不安をいだき、それゆえにハッキリ言えなくなってしまった。

②また、対話が薄くなっていったときには、「その背後には自分への嫌悪があるのではないか」、「だから

私に対してハッキリ言えないのではないか」と疑いつつ、「それでもこっちを向いて欲しい」と願って、自分がハッキリ言えないところに自分を追い込んでいってしまった。

③そして、それがその通りだったと感触してしまったこともあった。また感触だけにとどまらず、その内のいくつかは自分なりに「検証」したということもあって、心の内はいっそう硬化していった。対応して感情の揺れはいっそう激化し、不安はますます昂じることとなってしまった。

④こうして「ハッキリ言えない」ことと「暴言を吐き、あたり散らす」こととは常に裏表となって、自分のなかで密着してくることとなった。

きっと、こんな流れ（構造）がKさんの歩みとしてあったのでしょう。そして私との対話は、ここにメスを入れ、その流れを変えようとする試みだったのです。私たちが向かい合ってメスを入れ『批判』『検討』してきたのは、Kさんの表現のなかに織り込まれた『視点』や『論理』です。意見の『中身』です。人間や人格ではありません。最初に「ある」と「もつ」で論じたとおりです。また、『批判』と『非難』のところで述べたところ（Ⅴ―7）とも重なります。ですから、Kさんは、あくまでも『表現主体』＝『意見の検討主体』として、その意見内容に沿って議論し、考えを重ねていけばよいのです。ですから、そのメスに脅える必要はありません。

6　何よりも『主体』の尊重を

ということで、視点を変えて、Kさんへの私のかかわりに即して述べてみましょう。

私は、しばしばKさんの内面世界をときほぐすカウンセラーのような役割を果たしてきました。しかし、それは見かけ（「見せかけ」ではありません）にすぎません。実質はそうではなく、Kさんと対話し、対話の内容に即して何が大事なのかをKさんと一緒に探ろうとしてきたということです。

ときとして、検討の内容はKさんの感性にまで及ぶこともありましたが、それは、認識主体としてのKさんを問う場合に限っていました。また、そこまで探求のいとなみを及ぼすことが、Kさん自身の要求になっていると判断できる場合だけでした。『判断主体』『生活主体』としてのKさんの登場が求められていると、判断できる場合に限定されていました。そして、そのときの課題の焦点は、Kさんの感性をも知的に問い直し、それを生活点へとつなげるということでした。

当然のことですが、人格にかかわる問題にまで踏みこむ場合には、対話すること自体の難しさに常に直面します。それは、避けることができないことです。だから、**かかわるに値する中身**に目を向けることに全力を注がざるをえません。そして、私もそうしてきました。そこまで及ぶことができれば、あとは気楽です。どんな語りをしようと、語る内容と語る人との区別と統一が気楽になされていくものです。命題化すれば、**『内容が方法を規定する』**ということでしょうか。

ともあれ、この基本文脈のモチーフは、『主体』としてのKさんの世界を『尊重』することにあります。そして、それは間違っていなかったと思います。

ということで、もうここまできたら、気楽な対話をこそ大事にしたいものです。できると思います。また、そうすべきであり、そうするしかありません。それが、日常を生きるということですから。

蛇足ですが、このような視点に私が立つのは、ある痛恨の失敗の教訓に私が支えられているからです。Kさんは、その原稿に触れていましたからお分かりでしょう。私の著書『脳死願望の果てに──一八歳・苦悩する魂と向き合った三十一日間──』（青木書店　一九九八年）（新『僕はこのままでは死を選ぶ──現実の檻にもがき苦しんだ十八歳の魂に向き合った、最後の三十一日間』（22世紀アート　二〇二一年））のことです。あの本のなかの一八歳でこの世を去った若者、正史君との対話が、私のなかに生きているからです。あの本を読んで、『死』から『生』へと自らを転じてくださった方が何人もいました。あの本のなかにこめられたそのちからを、多くの読者が汲みとって下さったのです。あの本にこめた、いえ、あの本につながる根のある『若者の生』との対話が、Kさんとの向かい合いの支えとなってきたのです。

7 『感情』から『知』への飛躍を（読書：第14日）

ということで、この項も、そろそろまとめていきたいと思います。

要は、自立的な人間相互のかかわりは、過去の関係に縛られたり他人《ひと》の結論に枠づけられたりするものではないということです。互いの立場を『尊重』しながら、現在《いま》という時空間を相互に『共有』することです。それは、ある意味で**『過去こわし』や『既存の結論こわし』をしながら、共同で『未来づくり』や『自分たちの結論づくり』をするもの**といってよいでしょう。また、それは、『創造』という文脈を共同で過去・現在・未来に貫くことであるともいえます。

ですから、さまざまなことを、そんなに「ハッキリ」言えるわけがないのです。それほどに、ある局面では、『結論』が定まらないときもあります。仮説さえ立たないカオス（混沌）のときもあります。また、現存する『結論』は絶えず問い返されてもいきます。そのような状況も含めて考えれば、むしろ「ハッキリ」言えない自分を語るところにこそ、確かな見識があるとさえ言えます。それは『創造』にはつきものの局面です。私たちが日常を生きる構造こそ、それです。

したがって、Kさんはいま次のような構造のなかにいるものと思われます。

『本当に確かなこと』を明快に言いたい。

しかし、その確かなものが何なのかが見えない。
だから、勢い、言葉がにごる。
しかし、やはり相手の視点の上に立って、
相手の世界をまずは理解したいと思う。
だが、それには時間がかかる。
相互の関係のあり方が問題になる。
相応の問いかけが必要となる。
でも、その時間が、空間が、
そして関係のあり方が、
問いかけの仕方が、
まだ私には組み立てられない。
だから、ハッキリ言えない。」

このようななかで、Ｋさんは『感情』の世界から『知』の世界に飛躍しようとしているのです。だから「ハッキリ言えない」とハッキリ言えるのです。感情の吐き出しの過程を、言葉の練り上げの過程に転じようとしているからです。この練り上げの過程こそが、『探究』の世界です。

かつてのＫさんは、この『探究』の世界を、自分の心理的なところに閉じ込めてしまっていました。だから、「失うのが恐いだけ、嫌われるのが恐いだけ」と感じつづけてきたのです。そして、「恐い」というところに心性の力点をおいてしまっていたのです。が、実際の焦点は「恐い」にあったのではなく、「失う」というところにあったはずです。また、「嫌われる」ということにあったはずです。だから、「何を」「どう」すれば「失い」「嫌われる」のかをこそ、問うことが必要だったのです。場合によっては、「失い」「嫌われる」ことによって、Ｋさんが自由になるということもあるからです。

これは、むずかしい言い方をすれば**関係性再編**の問題です。相手との関係をどのようなものとして構築していったらよいのか、転じて自分自身との関係をどのようなものとして創っていくのか、という問題です。生きていくということは、一面で、多くのものを失っていくこと、多くのものに嫌われていくことだとさえいえるからです。さらには、大事なものを獲得し、それを支えにして失った多くのものを再生・再編していくということでもあるからです。（もちろん、本質的には「失う」とか「嫌う」とかいうような問題ではありません。）

この課題に応えるための鍵は、**『問いかけ』**です。『問いかけ』は何に対してもできます。誰に対してもできます。相手との距離をある程度おいてもできます。視線をどこかワンポイントに絞ってもできます。どのようなささやかなことがらに対してもできます。すぐに応答がこない場合もあるのかもしれません。いえ、きっとあるでしょう。しかし、焦る必要はありません。**応答がないのも、一つの応答のカタチ**です。

そうして、無応答の応答も含めて、引き出された答え（応答・回答・解答）は蓄積され、つなぎあわせられ、それによって、やがて、何を、どう「ハッキリ」言えばよいのかが分かるようになるのです。創造の過程と創造主体の姿は、ここに登場してくるのです。「思い」を言葉にしてきたKさんの一連の歩みが、このことを実証しています。

8　『自己の発見』『自己との出会い』

こうして、Kさんの歩みはいよいよ一つの地平を語るところにつながっています。私とのかかわりにおける「事実」に沿って述べてみましょう。

すでに述べたように、Kさんは、言葉を**感情の突き出しの道具**としてのみ使ったことがしばしばありました。そのとき、Kさんの言葉にさらされた人々は沈黙しました。あるいは、やむをえずうなずきました。そうして状況の沈静化を待ち、あるいは回避しながら遠ざかっていきました。

ここには、次の**三重の感情**に挟まれたKさんがいました。

①自分の主張が「通った」ことに対する『満足感』を持ったKさん。

②他方で、対等に議論してくれる者がいないということに対する『不満足感』に包まれたKさん。

③さらには、「もし議論をしたら論破されるのではないか」「論破されたら自分の弱さがあらわになるのではないか」ということへの『恐怖感』に囚われたKさん。

Kさんは、この三つの感情の重なりのなかに生きていたのです。

私は、そんななかに立ちつづけて対話を阻んでしまうKさんを、認めるつもりはありませんでした。また、認めようもありませんでした。けれども、一見の自己防衛的な言動の奥底に、妥協せずに言わんとすることをこめて向かってくるKさんに対しては、応えざるをえませんでした。また、Kさんの願いの深さを認めざるをえませんでした。だから、私なりにそれに拍手を送ってきました。拍手を送るに値するKさんが、自虐的に感情表出する一連のKさんの間をすり抜けて登場してきていたからです。

それが、知的学習の世界を生きて『探究』のいとなみを進めてきたKさんのルーツ（根 roots）、もしくはKさんの本性（本質 nature）だったのだと思われます。しかも、重要なことには、Kさんの心理的もつれとは対照的に、そのような**探究世界の構築**は一貫されてきていたのです。しかも、その支えどころは、なんと、あがきのなかにこめられた『問いかけ』と『対話』でした。Kさんの心性は不安・不信・猜疑の様相を示しながら、実はその奥に『問いかけ』と『対話』の世界を構築してきていたのです。だから、いま、Kさんはその世界を表に出す地平にまで達しているのです。

ここまでくると、一つのことが言えます。

「世界の発見は、自己の発見と不可分である」と。また、**「世界との出会いは、自己との出会いでもある」**と。Kさんはいま、そのような発見と出会いの過程を歩んでいるのです。

Kさんは言います。「一度自分がひどい傷を負えばいい。何もかも、膿を出すように、吐き出してしまいたい」と。しかし、私の目からすれば、Kさんはもうこれ以上「ひどい傷」を負う必要はありません。ましてや、自らをして自らにそれを求める必要などは全くありません。

これまでに、すでにKさんは「ひどい傷」を負い過ぎていました。こんなに若くして、どうしてそこまで傷ついてしまうのかと思うほどです。生産的生活点から離れて観念的な生活に支配された大人、そのような大人との出会いに包まれてきたからなのでしょうか。『生』を喜びとして『いま』を語る大人との出会いがなかったからなのでしょうか。あるいは、それらの反映した友人関係に埋没してきたからなのでしょうか。いろいろの状況が想定されます。それは、まるで『人格多重性障害』的構造のなかで、自己相互が傷つけ合うようなところまでもいくものだったのかもしれません。が、いずれにせよ、冒頭のKさんのメモは、あまりにも見事にその傷の深さを映し出していました。裏返して、そのメモは『生』への願いの深さを叫びとして表現するものでした。私には、そう読めました。

この意味で、Kさんのその叫びは、もっと大きな傷を負って膿《うみ》を溜めた傷ごとその心身を抉《えぐ》り出したいという、Kさんの内からの叫びだったのでしょう。が、そうであろうからこそ、そこに新たな視点を加える必要があったのです。**その膿《うみ》は、Kさんの内部の自己治癒力の産物でもある**ということを。ですから、いまは、そっとその自己治癒力に身を委ねるわざを心身に拓くことです。それが、Kさんにとって一番の課題です。いまこそ、他力人工的な世界への囚われから、わが身わが心を解き放つことです。**そこに、自然のなかに生き、自然と対話しながら、『理』にかなった生き方をしようとする、自らの心身と出会うKさんの登場が可能になる**と思うのです。

9　小さな一歩の大きさを

このことについては、またしても私に引きつけて恐縮ですが、私なりに身にしみて感じるところがありますので、つけ加えます。というのも、かつての私も、感情のひだがズタズタなるほどに深い「傷」を負っていたという事実があるからです。そして、自分の身体の深奥から吹き出すように湧き立つ感情の動めきがもたらすものの行方に、ずっと脅えつづけていたからです。その感情の動きが何をもたらすかが読めなくて、自分自身に脅えつづけていたときがあったからです。自分を恐れつづけていたのです。

そして、先述のように、二〇有余年にもわたって、じっと息をひそめつづけていたのです。辛く、苦しく、長い日々でした。動けば動くほどに、より深く自他を傷つけてしまうのではないかと恐れていました。そして、ときとして爆発しそうな自分が漏れ出してきてしまうことに、一段と脅えてしまいました。そうすまいとすればするほどに、抑えれば抑えるほどに、自虐性が高まっていくことがわかっていたからです…。そして、それにもかかわらず、さらに自虐に向かっていってしまったのです。が、同時に、そんな自分をみつめる自分がそれなりに育ってもいったようです。

そんな二面のせめぎあいの日々がつづいたのです。そんななかで、自己と対話する自分を受けとめてくれる他者《ひと》との出会いがありました。地域の方々、親戚の方々、そして友であり、何人かの教師であり、その方々に重なる精神的位置に立つわが人生のパートナーでした。

こうして、そのときどきに、とめどない甘えをさらけだし、恐れ、また怖れていた自己を突き出すことができたのです。突き出しながらも、それらを受けとめてくれる他者《ひと》の存在に驚き、かけがえのない他者《ひと》に支えられた確かな自分を見はじめたのです。こうして初めて、自分で認めることのできるかけがえのない存在としての自分が、現実のなかに浮かんできたのです。

いまのKさんは、過渡期にある自分を視野に収めはじめているようです。あたかも『脱皮』のときを生きているようです。だから辛いのでしょう。『弱い自分』を守るために、ふりかえるいとなみをいっそう先鋭化させているからです。

だとすれば、もう、状況は動きはじめています。Kさんの世界は、新たな地平へと移行しはじめています。ですから、ちょっと身を横たえることです。ちょっと手を伸ばして、必要なものだけをそっとつかむことです。それが大事です。大きなものを求めてあがく必要などありません。いまは、自分のなかのエネルギーを大事に受けとめ、それを小さな一歩にこめながら歩むことです。これが、いまの『激しさ』のなかに織り込む視点です。

さらに言えば、**小さな一歩の確かさこそ、小さな一歩の大きさなのです**。人間にとって、その確かさ、小ささをつかむことほど大きなことはないと思われます。またそれを発見することこそが、Kさん自身を認めるということの支えになると思われます。自他における『人間の尊厳』は、その時こそ、具体的レベルで輝いて浮かび上がってくると思われるのです。一つのリアリティーある『生』概念として。

Ⅷ 「矛盾」を突破する道を探る

1 「信じることが恐い」と言うとき（読書：第15日）

Kさんは言います。


「人を信じることが恐い。裏切られるのが恐い。何故だろう…？

一人は寂しい。けど、他人と関わるとうっとうしくなる。それは多分、自己が確立していないから。

他人の言う事に従いたくない。でも、人一倍他人の評価が気になる。自己がない。

裏切られた時、私には戻る場所がない。元気づけて、慰めてくれる人がいない。私には私しかいない。

甘えだろう。〝良い子は脆い〟の本質を己に見る。」


このような自己の振り返りの言葉のなかには、さらに問われるべき、いくつかの基本的な問題が織り込まれているように思われます。そこで、それらをKさんの表現したものに順《したが》って、さらに探ってみたいと思います。

まずは、「人を信じるのが恐い」という言葉にこめられているものは何かということです。この言葉も、端的に言って、これまで述べてきたKさんの**『自虐的心性』**の表出、転じて**『理想的自己』**の追究という二面性を表現しているものと考えられます。ですから、Kさんが「人を信じるのが恐い」と言うのもよく分かります。そして、そこに新たな一歩が生じてもいるのです。その内的構造を支えるのは、次の三つです。すなわち、

第一は、これまで解明してきたように、**「人を信じたい」**という哀しいほどのKさんの強い願いです。

第二は、その他方にある、**「人を信じたらやばい目に会う」**というKさん自身の体験的事実や厳然たる社会的状況です。

（それは、Kさんの観念のなかに容赦なく拡がっていったようです。そして、ここをKさんは恐ろしいほどにリアルに受けとめてしまったようです。）

第三は、それに加えて、**「人を信じてもいいのかもしれない」**という、Kさんのなかに湧いてきたであろう新たな感触です。

（それは、『学びと探究』を基礎にした思考のなかで生じてきた感触です。あるいは、私との対話を基礎にした思考のなかで生じてきた感触です。）

このなかで、いま、しっかりとKさんのなかに芽吹き、かつ拡がりはじめているのは、この第三の感触です。そして、この三つに支えられていればこそ、Kさんのなかの「人を信じたい」、しかし「恐い」という思いが、いっそうふくらんできているのです。

これまでのKさんの歩み、それは、人を信じることの素晴らしさを知らないものでした。そして、その感触をようやく得はじめた現在《いま》があります。この接点が、Kさんのなかの『期待』と『怖れ』を強化しているのです。なかでも、「恐い」という思いは、その二面の輪郭をいっそう露わにさせているはずです。これが、Kさんのなかの**『生』のダイナミズム**です。

さらにまた、そのような心性はKさんのなかだけにとどまらず、今日の若者たちに共通・普遍のものと考えられます。

私見によれば（いえ、私が出会ってきた若者たちの実態に即して言えば、水準の差異はあるにしても）端的に言って、八、九割の者が「人を信じるのが恐い」という思いを抱いているようです。事実を総合的に見つめることのないままに、一般論的な観念と一面的な事実に囚われているからです。そうして「人を信じなければならない」と強迫的に考え、「人を信じられない」と感じる自分に脅えているのです。ある者は、痛苦の体験に重ねながら。また、ある者はそれを自覚できないままに。沈黙や饒舌によって、自己を隠すというカタチで。そして、その意味するところの深さは、それほどに彼・彼女らが**確かな自己との出会いを果たせないままにここまで来ている**ということにあるのです。

2　信じるに値するものと出会う

ところで、私は先に、Ｋさんの歩みは「人を信じることの素晴らしさを知らないもの」であったと言いました。この**「信じること」**とは、私たちが自分の『生』を自分自身のものにするということと深くかかわっていると私はみています。そこで、少し論及してみたいと思います。

まず確認しておきたいことです。私たちが人やものごとを「信じる」のは、信じなければいけないから「信じる」のではありません。「信じる」に値するものがそこにあるからこそ、「信じる」ことができるということです。ここが基本です。ここが出発点であり、帰結点です。

しかし、ここをつなぐものには、質的に異なった二つのことがあります。

一つは、ものごとに対する**合理的な『理解』**や**『認識』**です。これらが成り立っているとき、私たちは「信じる」という言葉を使います。たとえば、「きっと成功すると信じている」とか、「きっと分かってもらえると信じている」というように。既に成立している理解や認識に基づいて、先行きを洞察・予見するからです。あるいは、それらの内容を説明・検討し、その内的関係を定式化・規範化するからです。それによって、関連する対象世界とのつながりを展望していくのです。

ところが、もう一つ、その筋が見えないとき、あるいは見えないことによって**危機の到来**が予測されるときでも、「信じる」という言葉が使われます。それは、既有の理解や認識に基づいても、なお、洞察や予見が『確信』にまで至らないときです。あるいは、不安がいっそう増幅してしまうときです。

それは、不安を超えたい、しかし、自力ではどうしようもないというときに使われる言葉です。**『祈り』**として使われる言葉であるといってもよいでしょう。このような場合には、しばしば不安ゆえに何らかのものを「信じる」ことへと、自己を追い込んでいきかねません。「信じられない」からこそすがるしかない、ということとも重なってくるからです。そして、強く信じれば信じるほど、実は不信の強さがそのまま表れているということでもあるのです。

そうだとすれば、これは、「信じるものは救われる」という宗教的な世界につながってしまうのかもしれません。それは、ここで言いたいこととはちがいますが…。

ただ、Ｋさんのなかには宗教的な脅えがあったことは確かです。「鳥居の下は絶対くぐれない」とＫさんは言っていました。そのような観念が、Ｋさんの心に**『結界』**を張っていたのですから。

そこで、私なりに、少し宗教につなげて論及しておきたいと思います。新興宗教が若者たちの心を惑わしているという現実も、Ｋさんと向かい合う私の思考のなかに割り込んできていますから…。

3　信仰における「信じる」こと

そこで言いたいと思います。焦点は、私たちの日常のなかでの、不安に裏打ちされた「信じる」という心性です。それは、宗教世界における「信じる」「信仰する」というものとは違います。

宗教には、教義（doctrine）があります。それを「信じる」ことが、信仰の基礎になります。そして、それに照らして自らの『生』を育み、かつ世の幸福を求めつづけていく自由が打ち立てられます。そこに、信仰において「信じる」ということの意味があると私は理解しています。私自身は無信仰ですが…。

こうして、信仰は「信じる」ことを一貫させ、また、ときとしてそれに『生命（いのち）』を賭けさせることもありうるのです。とすれば、それは、個人の自由な精神（もしくは囚われた精神）のもっとも象徴的な表現と言えるのかもしれません。ですから、具体的にして普遍的なそれを、私たちは憲法レベルで『信教の自由』として保障し、また精神に対する権力的統制を否定しているのです。

問題となるのは、宗教の名のもとに**『囚われた精神』構造**が作られてしまっている場合です。『生』の主体が、主体としてその教義の内容を理解し認識するということなく、信仰の世界に自己を閉じ込め（られ）てしまっている場合です。そのときにはどうなるでしょうか。

結果論的事実からすれば、もういうまでもないでしょう。そこには、一方的な『すがりつき』や、それによる**『精神的隷属』**が生まれます。それは精神の自由の封殺であり、人間的知性の封殺です。二〇世紀の末に国内に生じた霊感商法・詐欺まがいの資産寄付事件や、地下鉄サリン事件等々は、宗教がらみの事件です。オウム真理教や法の華、旧統一教会（現世界平和統一家庭連合）のような、宗教的装いによる人心のとりこみ・犯罪的行為は、問題の典型的一例と言えます。

そこでは、『主体』の尊厳に基づいた、適正な『生』への理解が許されてはいません。「信じる」者（信者）の現実認識は容赦なく歪められていきます。また、「信じる」者は多額の布施を納めさせるための『金づる』として位置づけられ、徹底してしぼりとる対象とするというところに、最大の眼目が置かれていきます。これは、宗教の隠然たる企業化・権力化です。そこに異論を立てる者は、ポア（抹殺）の対象とさえされてしまったのです。

また、人心の取りこみから人心の支配へという**『支配の構造』**を看破できずに道具化された人たちは、「信者」としてその閉塞世界にとりこまれ、その結果、『犯罪者』として世に登場することになってしまったのです。これは、人生の破壊であり放棄です。とんでもないことです。

もちろん、私たちの人生のなかで、不安からの脱却の方途として（また平穏な日常を創る支えとして）信仰世界に心身を委ねるということは、十分ありうることでしょう。しかし、その不安自体が理解や認識の欠如によるものであり、また理解や認識を育むことを封ずるものであるとしたら、それは人間として哀れなことです。なぜなら、『信心』は、虚妄の世界に自己を投入する内的エネルギーの表現にほかならなくなってしまうからです。それは、自己の『尊厳』を自ら放棄することです。『精神の自由』を放棄することです。それ以上でもなければ、また、それ以下でもありません。

このような理解の上にKさんの問題に立ち戻って言えば、前記のような状況を突破する重層的なちからが、Kさんのなかにはあるということです。すなわち、Kさんのように「信じる」に値するものに出会っていなければ、「人を信じるのが恐い」と思うのは当然だということです。また、そのような「恐い」思いを抱きつづけているということは、何かに対して無条件にすがりつくことを拒みつづけている、ということでもあります。さらにその意味では、「人を信じることが恐い」とKさんが思うのは、すぐれて健康的なことであるとも言えるのです。「信じる」に値するものに出会ったならその根本から信じたい、という願いの裏返しだからです。

それだけに、その当然の健康性に寄生し、喰いものにしようとする文化もあるということを、私たちは知っておく必要があります。それらと戦い、人生を自分のものとして創るために。

4 『一般論』の陥穽《かんせい》(落とし穴)

(読書:第16日)

さらに一言、「人を信じる」ということについて重ねて語っておきたいと思います。

「人を信じる」というのは、一見、道徳律のように聞こえます。が、上述に照らせば、それはきわめて実際的・実践的な問題です。「そうしたいから」なされるものです。「そうしなければならないから」という義務的なものではありません。本当に意味あるものとして働くのは、批判的検討を経て成立する自発的ないとなみなのです。

この点、私たちも往々にしてはまりこむところですが、Kさんは思考レベルでは「人を信じなければいけない」と思っていました。そして感情レベルでは、それに与《くみ》することができないでいました。このようなズレが生じてきてしまったのです。それには相応の必然性があります。次のような構造です。

すなわち、Kさんの思考レベルにおかれているものは、単なる『理念的一般論』です。あるいは、『現実的一般論』の一面です。そして、両者含めてこれらの**一般論**は、私たちのなかに「そうしなければならない」「そう考えなければいけない」というような観念枠を生み出していきます。しかも、一般論ゆえに、その命題は内実・実体を見せないものでもあります。このズレに気づかないところに、一般論に取り込まれる陥穽《おとしあな》があるのです。そのため、私たちは広い見地に立ったように思いつつ、実はそれに取り込まれていってしまうのです。このような重大な錯覚が、ここにはあります。

面白いことに、この一般論に対してはまったく逆の命題（全面否定・部分否定）も成り立ちます。「人を信じなければいけない」というとき、それには「人は信じられない」「人を信じられないこともある」「なかには信じられない人もいる」ということなども意味として含まれてくるのです。とすれば、**「むやみと人を信じてはいけない」**ということも、先の命題（『現実的一般論』）の他面（裏面）として内包されていると言えます。

ここに視点を置けば、Kさんの心性は理解できます。Kさんは、この『現実的一般論』にりっぱに（？）枠づけられてしまっていたのです。すなわち、「人を信じなければいけない」という一般論の上に立った途端に、「むやみと人を信じてはいけない」という一般論にも囚われてしまったのです。そして、この両極論の板ばさみのなかで、両極論に分断的に巻き込まれてしまったのです。それゆえに、「人を信じるのが恐い」という実感がKさんのなかに現れたのです。

しかし、これはKさんの個人内の問題ではありません。すでに述べたように、社会的な関係の問題です。その人の『生』を育む社会的関係のなかに、「信じる」に値するものとの出会いがあったかどうかです。人間の歴史のなかに織り込まれているはずの、信ずるに値するものを見出す機会と出会うことができていたかどうかです。

私たちは困難に出会ったとき、ときとして、心理世界に自らを閉じこめてしまうことがあります。社会的状況に分け入ることを課題にするということができない状態です。そのようなときには、確実に『不安』に引きずられていくはずです。実践的いとなみ（心身を社会に開くこと）が展望されていかないからです。関係創造のステップが見えてこないからです。自他相互の独立性および両者の関係の共同性が見えてこないからです。

Kさんの場合も例外ではありません。私は、先ほど、「Kさんは怖れの重層（重奏）のなかで生きてきた」旨を述べました。この上に立っていえば、Kさんがその重層構造を突破するためには、Kさん自身の歩を実践的に踏み出すしかないと考えています。さもなくば、『癒し』を求めて誰かにすがることしかできなくなってしまうからです。

5　具体への問いを重ねる

ですから、言いたいと思います。「一般論それ自体に自分を投入する必要はない」と。そして、「一般論に閉じこめられてはならない」と。一般論では、具体的なことがらに対する善し悪しはつけられません。**善し悪し**というのは、実践レベルでは、対象世界にかみあう論理が成立しているかどうかです。また、『主体』に即して言えば、自らが納得できるものを選択・構成しているかどうかです。さらには、この両者の統一されたところに成立するものです。ですから、**善し悪し**は制度的・道徳的次元とつながりつつ（つなげて問われつつ）も、他面では自己選択の結果でもあります。したがって、それは、**自己の責任において具体的にものごとを引き受ける**ということを意味しています。

それなのに、一般論なるものは、『原則論』とちがって実体がありません。ですから、選択・構成しようがないのです。そして、それにもかかわらず、選択肢のなかに入ってきてしまいます。しかも、選択された途端に私たちを包み込み、あたかもそれが普遍性のある現実であるかのように錯覚させてしまいます。だから、私たちはそれに支配されてしまうのです。「みんなと同じようにやっていられたら安心」というのは、まさにこのような構造のなかにはまり込んでいるがゆえのものでありましょう。

　そうならないためには、何よりもKさん自身の具体や事実を基礎にすることです。その上に立って一般論を見ていくことです。そうしてこそ、一般論の虚妄性《きょもうせい》を看破することができます。また、ことがらの**普遍性**を問うていくことができます。ですから、受けとめのベクトルを逆にすることです。一般論へではなく、常に具体論へ、と。

　そこにこそ、判断主体としてのKさんが登場していく道が拓かれていくはずです。そのときこそ、信頼に値するものが、具体レベルで特定されるはずです。「信じる」ことがらが、次のステップの支えとなっていくはずです。たとえば、「あの人の○○こそは信用できる」「この人の△△こそが信用できる」、「だから、それを大事にしていこう」というように。このように、人を「信じる」ことの焦点はその人『丸ごと』ではなく、その人の内的な、その人固有の『もの』や『こと』に向けられているのです。その人にはその人なりの独自の世界があるのですから。

　こうして**私たちは、「信じる」に値するものの発見を通じて自らの『生』を育て、貫いていく**ことになります。そうして、未来に向けた自らの希望を現実のなかに拓くために、自己の支えとしての「信じる」という世界を拡げていくのです。決して、不安を隠蔽《いんぺい》するために「信じる」という世界に身を沈めていくのではありません。
そうだとすれば、自他の世界は、まずは具体的存在・具体的関係においてこそ、受けとめられていくべきものです。少しずつ、具体的に、相手のことを知り、ときには勘違いをし、誤解をしつつ、理解を重ねていくのです。そして、その蓄積を基礎として、人間の深部につながるものを探しつづけていくのです。

となれば、必要なことは、具体的な関係のなかで汲みとったものを自分なりに整理していくことです。そのなかの重要なところを絞り込み、つかんでいくことです。〝あの人〟と〝この人〟とを区別して、具体的な存在としての〝この人〟の『固有性』や『共通性』を切り分けながら受けとめていくことです。そして、それをKさんの『人間認識』として固めながら、〝人々〟にまでつなげていくことです。

そうなったとき、類的存在としての人間的重みを内包しながら生きている人々とKさん自身とが、重なって見えてくるのではないでしょうか。そしてそのとき、ここに**『人間認識』と『社会認識』と『歴史認識』の三者を統一**して自己を語るKさんが、登場してくるのではないでしょうか。学習によって得た知識と経験によって得た知識とが、統一的に『生』のなかに組み入れられていきながら。

こうして、「人間とは?」「人格とは?」「社会とは?」と問うことが可能になっていくのです。**学びのリアリズム**は、ここにこそ成立していくのです。

6 「裏切られ」感触の背後にあるもの　（読書：第17日）

では、もしも「信じる」に値する人々との出会いがなかったら、どうなるでしょうか。きっと、私たちのなかには、自分を支える力が湧いてこないでしょう。自分を認める力が湧いてこないでしょう。しかも、「人を信じなければならない」という一般論に枠づけられていったとしたら、きっと自分を支えるどころではないでしょう。逆に、容赦なく自分を責めることになってしまうでしょう。そして、いまある自分を棄てることになってしまうでしょう。なぜなら、『不安』と『怖れ』と『疑い』に包まれてしまって、現実の関係事実の上に立つことができないからです。したがって、**関係事実を創る『主体』としての自分と出会うということができない**からです。

だとすれば、Kさんが「人を信じるのが恐い」と言うのは、当たり前のことです。そこにはまだ、「信じる」に値するものが見えないからです。「信じる」に値する人が見えないからです。「信じる」に値するものを共同探究する人の存在が、まだ見えていないからです。ものごとの善し悪しを区別する命題の確かさを、まだ見ることができていないからです。

こう考えると、また、Kさんが出会い、そしてKさんの心性を固めてしまった「裏切られ」るということさえ、本物かどうかまだ分かりません。

それにもかかわらず、「裏切られた」という『事実』と『実感』が、Kさんの体験のなかには厳然としてありました。そして、それが、これからも起こりうる可能性として考えられているようです。ですから、Ｋさんのなかには、「人を信じるのが恐い」という思いが容赦なく湧き立ってくるのです。他のいかなる感触よりも、「裏切られ」る可能性の感触の方が、Ｋさんの判断のなかでは大きな位置を占めてしまっていたのです。

このような逆転を生じさせてしまうのが、『不安』のちからです。だからこそ、言いたいのです。問題の焦点は、相手がＫさんを「裏切ったか否か」ではありません。あるいは、Ｋさんが相手を「裏切ったか否か」ではありません。その『内容』を見えるところに登場させることです。『内容の合理性』を問うことです。これらは、共同的関係の上に成るものです。それは、対話における相手を『尊重』することです。ですから、ここでは「裏切る」ということなどは、それ自体成り立ちようもないのです。

そうだとすれば、要は、「どう思う？」という問いを立てて、妥協なく自分の視点から応えていくことです。そして、「こう思うよ」という自分の意見を、明確にすることです。方法論的には、『問いかけ』を含む対話に乗せて、自分の判断を表現することです。

7　『平和』を求めて「信」の命題を問いつづける

もちろん、現実には、対話の成立自体が困難な状況もありえましょう。対話には、『何を』（内容）『どのように』（方法）表現するかということの組み立てが必要だからです。私たちはその双方を組み立て、かつ統一させることによって、対話のストーリーを構成していきます。しかし、向かい合う者がこのことを意識しているとは限りません。『表現』と『表出』の区別をしているとは限りません。多くの場合、意識されていないといってよいでしょう。ですから、時には感情的トラブルとして深刻化することになるのです。

また、たとえ対話が成立していたように見えても、それが新しい関係世界を拡げていくとは限らない場合もあります。一つのことで意見が一致したら他のことでも意見が一致して当然、と考える人もいるからです。もしくは、一旦一致したらそれ以降はその意見の変化・変更を認めない、という人もいるからです。それは、その人が**自他の『尊重』と『尊敬』**の上に立っていないからです。そのような場合には、意見がズレると直ちに「裏切り」として『人格非難』化されていきかねません。

Kさんも、ここに陥っていたのではないでしょうか。互いの願いが**『平和』**に向かっていたのに、思いが具体化・行動化されたとたんに、関係は**『戦争』**状態化してしまったということです。そこには、次のような必然性があったはずです。

それは、**『情緒的親密さ』**への撞着です。

私たちが情緒的親密さにしがみつけばしがみつくほど、一見の対話の成立は、実は『同調』に転質してしまいます。しかも、自他相互は離反を怖れ合い、そしてその怖れを払拭するために牽制し合っていくという構造を固めていきます。そして、そこに離反が始まると、しばしば、相手を常に呼び戻すための強迫的なパワーが発動されていきます。それが、『攻撃性』として突き出されてくるのです。ただ、このようなことがしばしば起こるのは、その人の生きてきた過程が、まさに『戦争』状態を内包するものだったからなのかもしれません。そうだとすれば、だからこそまた、自分を守るために、仲良し関係・同調関係に向けて、自己をますます深く投入しようとしてきたのでしょう。さらには、それを超えたいとの願いを、強く突き出してきたのでしょう。こうして、情緒的親密さへの撞着は、その見かけとは反対に、まさに**同調競争・忠誠競争**とも言えるような『戦争』状態に沸きかえっていくのです。

もちろん、見かけどおりに『なかよし』を求めている面があることも事実です。が、課題の共有、方法の協同を探らない『仲良し』は、崩壊を前提とするしかありません。その意味で、ここには、『戦争』状態を超えて『平和』への志向を貫く試金石が、常に眼前におかれているともいえます。また、恐れ合いや牽制のし合いは、このジレンマの具体的表れであるともいえます。

したがって、このような『戦争』状態を突破する（招かない）ための原則は、私の視点に照らせば明確です。

すなわち、何よりも**それぞれの『独自性』を尊重する**という立場に立つことです。それぞれの存在には、それぞれの独自性を認めてほしいという要求があるからです。その要求が、『人間の尊厳』と言われるものの実質です。ですから、『人間の尊厳』は誰においても護られなくてはならないものなのです。また、発達保障の観点から、「それぞれの意見はそれぞれの自由な精神の表現である」という視点の上に立つことが必要になってくるのです。それによって、それぞれの意見は、言論として尊重されていくことになります。さらに、それによって、その言論の真理性・真実性が問われていくことになります。

対話や議論というものは、この上に立ち、またこのことに方向づけられて成立していくものです。さらには、こうした一連の文脈のなかで、同意や異論も発展的に展開されていくものです。こうして、それぞれの言論・言説の密度は高められていくのです。

このような筋の上に立つならば、**それぞれの意見はそれぞれのもの**として、一貫して尊重されていくでしょう。また、集団的・組織的レベルでも、相応の意思決定が行われていくでしょう。もちろん、この意志決定としての『合意』は、「まだ合意できていない」という合意をも含むものです。だから、『異論』も大切にされていくのです。

さもなくば、先述のように、『同調』のなかで互いを縛りつけて、「信じる」か、それとも「裏切る」かということになっていきかねません。そうなると、私たちの『生』は、またしても**ファシズム化**された心性や関係性で包まれることになってしまうでしょう。そのような危機を招かないために、私たちは『学び』を通して問い、『研究』(『探求』)を通して問い、さらには『生活』を通して問いつづけるのです。

8　「信じる」主体の姿

ところで、何かを「信じる」というのは「信じることのできる自分を信じる」ということでもあります。ですから、それができないとき、人は「信じる」ことによって「信じられない」自分を隠そうとしていくのです。そして、「信じる」ことによって『問うこと』をやめてしまうのです。似非《えせ》宗教への囚われは、まさにこのような構造のなかにあると言ってよいでしょう。

もちろん、そこにも何らかの問いはありましょう。が、それは、真理・真実の科学的探求の道を封ずることに貢献する問いです。そしてそれゆえに、与えられた答えに自らを従わせるだけという、人間の知性においてもっとも哀しむべき事態にその人をいざなうものです。

このような事態に陥るのは、なぜなのでしょうか。それは、単に、認識が未熟だというだけではないようです。先述しましたが、その人が自分にも他者《ひと》にも信じられてこなかったという事実に、大きく囚っているのだと考えられます。似非宗教世界に囚われた人、あるいはさらに拡げて、『学力信仰』や『金力信仰』、『権力信仰』に囚われた人々は、これまで**信ずるに値する他者《ひと》や信ずるに値する私**と出会うことができなかったからこそ、それらにすがるのだと考えられます。対話によって共に生きる現在《いま》を創ることができてこなかったからこそ、パワー信仰に走るのです。いや、それ以上に、**疑わしい私**としか向かい合えてこなかったために、「嘘でもいいから信じるに値する自分と向かい合いたい」とあがいているのです。

「信じるに値しない自分しか見えないのではないか」という怖れを抱きながら。さらには、そのように疑ってしまう自分を怖れながら。そして、それ以上の問いを立てる術を知らずに、疑うことに囚われてきたのです。だから、疑うことを許さない世界、すなわち『信』じて『仰』ぐことしか許されない世界にひれ伏してしまったのでしょう。

これは、**『すがりつき』**です。しかも、絶対的なちからをもっているように見えるものに対しての、無条件の『すがりつき』です。そしてまた、Kさんもそのような流れのなかに立ってきたのです。自分を否定する言動を吐きながら、「この世で信じられるものは『金』と『権力』と『暴力』だけだ」と言いつつ、『すがりつき』のなかにはまりこんでいってしまったのです。

しかし、それ以上に注目すべきことがそこにはありました。それは、すでに解明してきたところです。すなわち、『すがりつき』のKさんとは別のKさんがそこに登場していたということです。ですからKさんの苦悩の深さは、折々の『安心』が本物かどうかを常に『疑う』というカタチで『問い』つづけてきた結果でもあったのです。こうして、ここには『すがりつき』に走るKさんがいました。また、それに引きずられながらも、『すがりつき』を拒否するKさんがいました。そして、その両者の狭間で、確かな自分を受けとめようとの試みを進めているKさんもいました。ですから、ここには痛々しいほどにやさしく、かつ深いモラリストとしてのKさんも見えてくるのです。

矛盾のなかに生きるKさんは、こうして無意識のうちに知っていくのです。**知的世界においては、**『疑う』ということは決して否定のまなざしで自己を包むことではない、ということを。逆に、**確かさを問う いとなみとして自己を未来に開くもの**である、ということを。それが、Kさんのあがきのなかで拓かれていったものです。

そして、ここにあるのは、Kさんが「信じる」という言葉に追随してこなかったという事実です。Kさんは、「信じる」に値するものに出会ってこなかったことに、まさに**生きるレベルで気づいていた**のです。ですから、「信じる」に値するものを求めてきたのです。ですから、「信じられない」と叫びつつ、自分の心身を賭けて「信じる」に値するものを求めてきたのです。さらに言うならば、「(人を)信じない」というカタチで、Kさんなりに自分の世界を創り、それを貫いてきたのです。だから、冒頭のメモに隠されているような激しい精神史のなかを、なお歩むことができたのです。

(読書:第18日)

9　『同調』からの離脱へ

こうしてみると、Kさんが「裏切られるのが恐い」と言うとき、それはKさんが相手を(たとえば、私を、友人を、社会を、さらには学問世界を、そして生きていくことを)「信じていない」ことです。が、同時に、「信じたい」という意志を強く差し向けていることでもあります。しかも、Kさんが「恐い」と思えば思うほど、そして言えば言うほど、それは「信じたい」という願いの強さに重なっていくものでもあります。こうして、不信の言動の強まりとは裏腹に、Kさんの内奥の「信じたい」という語調はますます強くなっていったのです。他者《ひと》とのかかわりの深層に、「信じる」に値するものを求めつづけてきたがゆえに。

このようにして、Kさんのなかには、『拒否』と『疑い』の交点における「吐き出し」の裏で、『学ぶ』ことと『問う』こととの**『知的交点』**ができていったのです。そして、その交点に立っているのが、未来を意識的に求め、「裏切られるのが恐い」と言語化できるところまできた、いまのKさんの姿です。

Kさんは言いました。一人でいることは「寂しい」、だが「他人と関わるとうっとうしい」と。ここに、私はKさんの『思春期世界』の揺れを見ました。多くの人は、Kさんのこの揺れに引き寄せられていきました。そして、よりそおうとしました。その結果、混迷を深めていきました。焦点の実質が読み分けられなかったからです。しかし、私はこの揺れに応えようとはしませんでした。

『思春期世界』の揺れは、『同調』を求めるもののように見えながら、実は**『同調』から離脱できる自己を求めるもの**です。そしてKさんが求めていたものも、『同調』ではありませんでした。そうではなく、自分の、揺れの『支点』はどこにあるのか、その『支点』の実体は何か…これらを『共同探求』することでした。そのことを私は知っていたから、Kさんの揺れに同調しなかったのです。

さらに、Kさんの感情表出の背後には、『思春期世界』の揺れを『青年期世界』の探究活動へと再編しようとする試みが展開されていました。そのことが見えていました。だから、Kさんの「寂しさ」や「うっとうしさ」の感情的表現に応えることを課題にしなかったのです。そのような揺れる感情との向かい合いは、『同調』的対応にしかなりません。そして、同調による情緒的な向かい合いは、一抹の安心と引き換えに、自他の関係が崩壊してしまうことへの強い怖れを生み出していくものです。このことの理解が、私を支えていました。

このように、Kさんの一歩を支えるには、Kさん自身が自分の揺れ幅を貫く理知を組み立てる以外に方法はないと、私は考えていました。たとえ、それが『虚偽』の世界であったとしても。(これについては、後の『仮面』論Ⅺの6～8を見てください。)そして、Kさんとかかわるためには、そのような流れを保障する理知を私自身の内に新たに拓かねばなりませんでした。生来ズボラな私にとって、それは一面では心理的に辛いことでした。しかし、その辛さ以上に、他面でKさんの自己解放の過程を確かめ合うという、知的楽しみ、知的喜びがありました。このことは、深刻な『生』のトラブルを抱える若者たちとかつてかかわっていたときにも、同様でした。**『生』のダイナミズム**は、『生』の共同開拓・共同創造のなかにこそあり、それはかかわる知的楽しみ、知的喜びを生み出すものだからです。

くどいようですが、このような『同調』からの離脱の過程を、もう一度整理しておきます。それは、Kさんの今後を支える土台でもあるからです。

最初、Kさんは感情的に揺れる自分にどう応えたらよいかわからずに、精神的なつらさを引きずっていました。が、そのなかで、徐々に気づいていきたことがありました。それは、**自分のなかの面白いと感じる（interesting）ところに焦点を合わせ、それを支えに問いを拡げていけばよい**ということです。

このように私が言えるのは、Kさんが人間の内面世界にスポットを当てて語るときには、実際にとても生き生きとしていたからです。Kさんの理知の焦点が、そこに合っていたからでしょう。Kさんが鋭く自己を見つめる目は、そこから育ってきたのでしょう。もちろん、そのときはまだ、その目は自己を否定する目の裏返しでしたが。それゆえ、語る相手との関係によっては、語る内容と湧き立つ感情とを分化させることができなかったようです。そのために、語りの内容は感情に覆われ、カッとなって吐き出すように語られたとたんに、廃棄されてしまっていました。ですから、私はKさんの開かれた知性にスポットを当て、知的探求のいとなみとしての対話のなかにその内容を開こうとしたのです。それによって、Kさんの『青年期世界』を引き出そうとしたのです。そして、それは成功しました。さらに重ねて、Kさんは自己を分化させ、大事にしたい内容を、それとして語ることに成功したのです。

たとえば、それはKさんの次の言葉にうかがえます。私への感情の吐き出しを重ねてしまったことへの詫びにつづけた言葉です。

「人を、誰かを信じることは、私にはできません。このことにはっきり気づきました。でも、不信だけではなく、信じられる部分もある…と思いたいのですが、一番肝心な部分でやはり人を信じることが出来ないのです。信じようとする、私の目に映る部分が『信じられる部分』としてではなく、『根底にある嘘を隠している部分』と見えて、結局他人の否定的な言葉しか信じられないのです。全てのものは、マイナスという土台の上に成り立つ…。この考え方が、私には染みついてしまっているのです。人に対する疑いは、結局は自分にも返って来ます。自分に対してさえ、否定的なまなざししか向けられない。その結果、ある一つのことを成し遂げても自分を誉めることが出来ず、『こんなことではダメだ』『まだまだ』という、否定しか生まれて来ず、それで自らを狂わせているのだろう…と思います。マイナスの土台の下には、いつも劣等意識《コンプレックス》がありました。最近それに気付きました。他人《ヒト》の価値観を自己基準として内化させ、それに大いに捉われているのです。

そのことに対する嫌悪感が、他人《ヒト》となにより自己に対する強い否定になっている…と思うのです。（後略）」

このような見つめなおしを重ねながら、Kさんは自らの『青年期世界』と正面から向かい合い、そこに踏み込むことができたのです。たとえ、感情的な揺れをなお引きずっているとしても、そこまで踏み込むことができたのです。感情的なあがきとは異質な、理知に支えられた『問い』の上に立つKさんがここにはいます。

こうして、『問う』ことによって『学び』、『問う』ことによって『探究』を進める『学問』世界が、『青年期世界』に生きるKさんによって本格的に担われていくことになったのです。その意味では、**『青年期』とは、知的に自己を認め、それに依拠して自らの未来を展望する『学問期』**なのだといってもよいのかもしれません。

ということで、いまや、Kさん自身が、Kさんのなかに湧いてくる『問い』を、何者にも囚われずに押し出すことができる時期が展望されるようになりました。Kさんの『問い』を軸に、未来へとつながる対話を深めていくことができる時期にきました。そこで、もう一歩、『主体』について考えてみましょう。

Ⅸ 『孤立』を超えて『独立』の世界へ

1 『孤立』と『孤独』の狭間《はざま》で

（読書：第19日）

これまでの私の課題は、Kさんの言葉のなかに見え隠れする『孤独』というよりも『孤立的』な枠に閉じこめられてきたKさんに対して、**青年期的対話**とでも言いうる批判的アプローチを進めることでした。癒しを求めてあがくKさんのなかから、『矛盾』を超えて新しい一歩を踏み出していくKさんを光のなかに引き出したかったからです。そうする必要があると考えたからです。また、そうできるちからが、Kさんのなかに一貫して宿っていると見たからです。

だから、癒しを求めるKさんに、癒しではなく、**共に生きる他者《ひと》との関係の実像**を一端でも届けようとしたのです。そして、生きることに誠実に向かって苦悩してきたKさんは、それを受けとめました。その生きるちからを以って、私との青年期的対話に乗り出しはじめてきたのです。みごとというほかはありません。

こうしてみると、はっきりと理解していただけたと思います。

私がKさんに向けてきたのは、先にも述べましたように『批判』であって『非難』ではありません。**『批判』と『非難』とは全く別物**です。繰り返していうことになりますが、『批判』とは肯定面を確として受けとめ、それを支えに問題点を課題化し、そしてそれによって未来を拓くいとなみです。そのような意味の上に立てばこそ、私はKさんと批判的に向かい合うことに妥協しなかったのです。

この立場から、再び、Kさんの「寂しい」という問題に立ち戻りましょう。

「私には戻る場所がない。元気づけて、慰めてくれる人がいない。
私には私しかいない。」

Kさんのこの言葉は、『孤立』から『孤独』へと転じはじめているからこそ得られる感触ではないかと思われます。

『孤立』というものは、閉じた世界に成るものです。これに対して**『孤独』**というものは、開かれた関係をくぐって成立する自立的な精神世界です。『孤独』な世界を楽しめず、いや、それ以前に『孤独』な世界に耐えられず、他者《ひと》に隷属的に依存してしまう人がいかに多いことでしょうか。あるいは裏返して、他者《ひと》を隷属させんばかりに支配的になる人がどれほど多いことでしょうか。それらを見れば、『孤独』への移行は容易ではないことが分かります。『孤独』とは、ある程度成長した段階で到達できる精神世界です。その段階に至って、ようやく感じ、受けとめることのできるものです。

『孤独』とは、孤立的な一人ぼっちではありません。現象的にはそう見えたとしても、あるいは閉じた世界にいるように見えたとしても、それは『孤立』とは似て非なるものです。したがって、『孤独』は自分を自立・独立させる転機を語るものです。もしくは、自立・独立した自分を展望しながら、未来を見つめる支えとなるものです。いわば、自らの『生』をじっくり確かめる精神的時空間です。また、未知の世界に先進的に向かう精神的時空間です。したがって、世界との対話を通して自らの内に新たな知的世界を拓き、もしくは成熟させていくものです。その点で、『孤立』とはまったく異質な世界です。私たちは、自己認識の一環として、このような理解を自分に向けておく必要があると思います。

2　『孤立感』の深まりのなかで

重ねて言えば、『孤独』とは、確かな自己の成立のなかでこそ向かい合える世界です。だから、「孤独を楽しむ」というような言い方が出てくるのです。自分自身の心身の確かさを自分の力で確かめ楽しむ世界こそ、『孤独』と呼ぶにふさわしいものです。

しかし、悲しいことに、Kさんには、自身の長所を認めてくれる人との出会いが一歩遅れていました。そのために、Kさんは『孤立感』を深め、Kさんの長所を認めるメッセージを、慰めとしてしか受けとめることができなかったのです。そして、より深い孤立感のなかに、自己を沈めてきたのです。その結果、他者《ひと》とかかわるワザも、『孤独』な世界に入るワザも、Kさんのなかに拓かれてはこなかったのです。いえ、「そのような機会が一貫して剥奪されてきた」、と言った方が正しいのかもしれません。

かつて、Kさんが私に向けた言葉を覚えているでしょうか。私がKさんの肯定面を語ったときに、Kさんは言いました。「お前は、そう言って認めるふりをしながら逃げようとしている！」と。

これは、一見、私に対する不信のこもった言葉に聞こえます。が、そうではありません。Kさん自身の未来に対する不安を象徴的に表わした言葉だったのです。それは、「身近な人はみな離れていってしまう」という不安です。ですから、私は言いました。

「そういう捉え方も確かに成り立つ。だから、どんな捉え方をするかはあなたの自由。でも、どんな捉え方をしようと、『いい事実』は消えない」と。

Kさんの事実の上に立って、私は私の見方を返したのです。Kさんの抱く『孤独感』なるものは、実は『孤独感』ではなく『孤立感』だったからです。

すでに述べましたように、『孤立感』ゆえに不安な思いに引きつけられていたKさんは、Kさんなりに生き抜いてきました。それは事実です。そして、私の言葉は、その確かさの上に乗せての表現でした。また、それを引き出したKさんの疑いの言葉は、『問い』の意味を内包し、**『問い』の主体としての独立性**の上に発せられたものでした。そのような独立性を内包した『孤独』というものが、Kさんのなかには、Kさんの自意識を超えてあったのです。だからこそ、Kさんはここまで生き抜いてくることができたのです。そして、このことこそが、私たちが読み取るべきことの支えであると考えられたのです。ということで、Kさんは、『孤立』と『孤独』の二面を抱えながらここまできました。そして、『孤独』の世界につながるKさん自身の固有性・独立性を、いま、自らの歩みの前面に押し出しはじめているのです。そう言ってよいと思われます。

3　二面の狭間を生きる

こうして、ここでもまた、『孤立』と『孤独』という二面性世界の狭間を生きるKさんの世界が現れてきました。こうなると、Kさんのなかには、常にその二面性世界の狭間を生きる大いなるワザがあると言ってよいのかもしれません。**ひらかれていない自分とつきあって歩むことができるほどにひらかれたKさん**―そんなKさんが、ここには見えてきます。そして、その支えどころが、すでに冒頭のなかで述べたように、ものごとに対して『こだわり』をもって考えるKさんのちからでした。まだ、攻撃性にこめられたものではありましたが、その有効性を組みたてる論理的な『探究力』や『構成力』でした。さらには、たとえ「嘘」として演じ出されたものではあっても、「優等生」としての仮面のなかで培われてきた、安定度の高い文章表現力でした。（これらは、Kさんの否定的自己評価に反して、突出した輝きを放つものでした。私の語りの至らなさも、ずいぶんとそれらに支えられてきました。）

しかし、当然のことながら、それらはまだ、Kさんのなかに喜びを生み出すものとはなっていません。依然としてKさんのなかの二面性を浮き立たせるもの、ジレンマを感じさせるものとしてあったのです。『孤立』と『孤独』の狭間に生きるつらさ（あがき、「恐れ」、揺れなど）として。また、最良のものを目指すKさんと、他者《ひと》に対する優位性への渇望（およびそれゆえの過剰防衛意識）につながる「劣等感」の狭間にある者のつらさとして。それらのつらさは、一方では『誠実』を演じ、他方ではそれゆえに自己をごまかし「嘘つき」となる、そんな二面を抱えた者のつらさでしょう。

このように、Kさんの実像の半面は、他者《ひと》への『誠実』を貫き、状況へのよりよい対応の仕方を探るものでした。が、もう半面の『自己抑圧』がもたらす感触は、Kさんのこの実像を容赦なく『自己否定感』で包むものでした。

このようにして、いま語りうるのは、そしてなお、皮肉にしてかつすばらしいと思われるのは、Kさんのその二面性がもたらすジレンマによって生み出されたものがあるということです。それは、ほかならぬ、**自己を理知的に問いかえしはじめているKさん**です。自己を問うことによって、自己を『解体・再編』しようとしているKさんの登場です。

これまでのKさんは、『自己防衛』をテーマとして、他者《ひと》にスキを見せないようにと一心に努力してきた人でした。そして、その努力は、ときとして他者《ひと》への攻撃というかたちで表現されていました。ところがいま、その『自己防衛』というテーマは、徐々に**関係創造**というテーマへと転じられつつあるようです。そして、Kさんのなかのジレンマが激しくなってきているのは、その転換点の上にあるためであると考えられます。Kさんの理知は、確実に新たな世界へと開かれていっているようです。

4　『生の絶対値的転換』そして『鈍化』（読書：第20日）

このように見てくると、注目すべきは、**Kさん自身がそのような転機を創っている**ということです。それは、Kさんの一つの能力です。生きた能力です。『探究』と『発見』を基礎として『創造』に向かう能力です。そして、『探究』と『発見』のために、自他と『協同』する能力です。もちろん、Kさん自身は、まだそのような自らを自覚できてはいないでしょうが。

私は思います。深刻なマイナス状況は、ある転機を通じて飛躍的なプラスに転ずることが可能である、と。私は、これを**『生の絶対値的転換』**と呼びます。マイナス五とプラス五は、絶対値において同等です。そして、マイナス五は、ある契機（ターニング・ポイント）との出会いのなかで、一気にプラス五に転じていきます。このような構造です。生きてきた事実の上に立つ者がその転換点を手にしたとき、たとえマイナス五のなかに閉じ込められているように見えても、みごとにプラス五の実体に転換することができると考えられるのです。私は、人間の創造的な能力というものは、このような展開を可能にするものだと見ています。それが、**『否定を肯定に転換・転化するちから』**と言われるものです。

ただ、転換にあたっては、相応の移行過程の構築が必要です。現象的には一気に転換しているように見えるときでも、その背後には相応の移行過程が構築されているはずです。そして、その移行過程をたどっている者の様相は、ときとしてきわめて**『鈍化』された姿**として現れるということです。ですから、的確かつ激烈なKさんの論理や表現は、この移行過程でぐっと緩和されることになると考えられます。それを通して、相手と呼吸を合わせるわざが開拓されていくことになると考えられます。イメージとして、スポーツのときに『力み』を抜いていく過程に重ねてみると分かりやすいと思います。

こうして、「裏切られ」る可能性を恐れるKさんの表現様態は、一時期その先鋭性を失っていくでしょう。一見、歯切れの悪さが目につくようになっていくでしょう。そして、その歯切れの悪い鈍重な対応のなかで、対話の幅を拡げながら、自他間の感情的なトラブルを回避していくでしょう。新たな関係創造への道は、このようにして創られていくのです。

とはいえ、そのような鈍重に見える動きは、確実にKさんに感情的なイラツキをもたらしてしまうに違いありません。が、その他方で、相手との呼吸の合わせを探る知的いとなみの表現としても、Kさんのなかに根づいていくでしょう。そして、やがてはそのイラツキを、共同の喜びへと転じさせていくでしょう。

こうして、Kさんのなかのイラツキは、かつてのそれとは質的にまったく異なったものになっていくでしょう。そのような過程が展望できます。

この意味で、いまのKさんは、ものごとを「ハッキリと言えない」ほどに試行錯誤を豊かに重ねているともいえます。そして、そのような場合には、**先鋭性の欠如こそ、逆に、現実をとらえ、そして創る確かな先鋭性であるといえる**のです。ここに、「ハッキリ言えない」ほどに、そのことがらの重さ、確かさが「ハッキリ」とつかまえられていく姿があるのです。試行錯誤・探索の過程とはそのようなものであると、私は考えています。

5　「人の評価」を受けて『自分の評価』を

こうしてみると、Kさんが、「人の目に従いたくない」、けれども「人の評価が気になる」として悩むのも同様です。『孤立的なKさん』と『自立的なKさん』が、いまのKさんのなかには共存しているのです。相対化のなかに呑み込まれてしまいそうな自己を怖れるKさんと、相対的な世界で自己を問うKさんが、共存しているのです。そして、そんな二面的な自己を扱いかねているKさんが、いま、ここにいるのです。

こうして、Kさんはいま、自己のあるべき姿を自己のちからで問いつつあります。それは、これまで「従わされ」「評価され」、そしてそこに自らを合わせるべく努力してきたKさんに対し、新しいKさんが『反逆』しつつ登場しているということです。

もちろん、その反逆はいまに始まったものではありません。かつては、心身を賭けて感情的に行われていたものでした。後方に引くこともできずに、自他の不信のなかで突き出されるだけのものでした。そのために、いっそう大きな不信感を自身のなかに生み出す感情表出が見られたのです。

そしていま、Kさんは引きつづき反逆を重ねています。が、それは、かつてと同じではありません。反逆としては同じです。が、かつてのそれは、Kさんの過去・現在・未来に対して『敵対的なもの』でした。それに対して、いまのそれは、知的であるがゆえに『自己創造的なもの』、『未来創造的なもの』になっています。自らの判断に従い、自らのステップを探し、そしてそれを築こうとするのですから。これは、Kさんのなかの新たな水準での**『知的な反逆』**です。

こうしてみると、Kさんが「人の評価を気にする」状態にあるのは事実であり、当然のことです。「人の評価」をたたき台にしつつ、実は自分自身の判断・評価の上に立つ試みを重ねているということなのですから。そして、それこそが、今日の自分づくりのテーマに見合った方法論となっているのです。

だから、それでよいと思われます。「従いたくない」のに従い、人の評価を気にしたくないのに「評価が気になる」Kさんを、Kさん自身が見て取ることができているのですから。それは、人の目を意識しながら、かつそれに埋没しないKさんが生きているということです。そして、それによって、Kさん自身が**自分の視点と他者《ひと》の視点とをつなぐ**ことができているということです。だからこそ、気になる自己が語れるのです。

となると、あとは、それを**楽しく進めていく工夫**をするだけです。対話の広がりを工夫することです。あたかも川の流れに身を任せるような感触のなかで、ゆっくりと自分の世界を構築する試みを重ねることです。いまKさんに必要なのは、**自然体**です。自然体とは、このように、根のあるものなのです。

6　必然を喚《よ》ぶ土台を創る

ところで、Kさんは、自分の「戻る場所」「慰めてくれる人」を、切ないくらいに強く求めていました。それは、**確かな支えどころ（「確かな場所」「確かな人」）**を求めてさまよっている姿です。いえ、それらを求めて試行錯誤している姿であるといった方が適切かもしれません。自己創造的な文脈を編み上げるためには、それは必要なことです。しかし、同時に、求めれば求めるほど、探せば探すほど、それらに出会えない焦燥感も広がっているはずです。なぜなら、それは探して出会えるようなものではなく、**創ることを通してこそ出会えるもの**だからです。そうだとすれば、Kさんは、関係の創造主体としての自己を求めていたのだといえます。

Kさんが、いま大切にすべきこと――それは、一方では、ほんのわずかでも息を抜き、自然体をおく時空間を確保し、それを大切にすることです。が、そのためにこそ、他方で他者《ひと》との共同関係を創ることです。すなわち、焦燥のエネルギーを**『社会的な探究活動』**のエネルギーへと変えていくことです。現実の社会的状況や、その状況のなかで生きる人間の課題に、問いを重ねていくことです。そして、その問いに従って、対象世界に行動的にアプローチしていくことです。それによってこそ、Kさんのなかに内包される『生』のベクトルは、確実に『絶対値的転換』へと向かっていくはずです。

端的に言って、これまでのKさんの『生』のベクトルは、Kさん自身の内側に向けられているものでした。そして、そこから離れることができないでいました。これを、いわば逆ベクトルにすることです。Kさん自身を見つめることのできる社会的・歴史的な鏡を、そこに形成していくことです。Kさん自身を問う視点は、それによって多角的なものになり、かつ、より客観的なものになっていくものと考えられます。それによって、Kさんのなかには、自己への『責め』ではなく、自己の『再発見』が拡がり、『責任能力』(responsibility) が高まっていくでしょう。これは、覆うものをとりのぞくいとなみの積み重ね、応答するちからの積み重ねを拡げていくことです。その最も容易にして確実な道が、『仕事』に就くということです。もちろん、『仕事』に就いても、次の視点がなければ、おそらく自己否定感はつのるだけでしょうが。

『社会的な探究活動』、すなわち社会的に重要なことを『求め』『探す』ということは、『あるもの』(実在：something / being) に対するいとなみのように見えます。が、実は、『ないもの』(未知：nothing/

unknown）を、なんらかの『あるもの』（未知を含む知の確認）を通して『創造』し確認をするというところにその実相があります。

たとえば、「すてきな彼（彼女）を求め、探す」というのは、本質的には、すてきな彼（彼女）を探し見つけるということではありません。「すてきな彼（彼女）を求め、探す」というかたちで、本当に自分にとって大事にしたいものと出会う道を拓くこと、歩むことです。そして、その出会いに喜びを感じられるような**すてきな自分を探し、見つけること**です。そんな自分を創ることです。

もちろん、イマジネーションのなかでは「すてきな彼（彼女）」像が描き出されることでしょう。また、その彼（彼女）との出会いが夢見られることでしょう。が、その実質の焦点は、そのイメージの『核』を自分で創っていくことです。そして、この探究・創造の過程が、夢の実現過程として拓かれていくのです。呼応して、彼（彼女）もまた、その歩みをすすめて彼女（彼）に出会う、というかたちで。

相互に、互いの『すてき』を支えとして結ばれることができれば、それが最高です。そしてさらに、その『すてき』な彼（彼女）との出会いを通じて、彼（彼女）と自分との関係を創っていくことができれば、なお最高です。そのとき重要なのは、そのような『すてき』なところを見つめる『すてき』な目がすでに自分のなかにあるからこそ、『すてき』な世界と向かい合うことができたのだ、ということです。こうして**夢の虚妄性**は削り落とされ、**夢の理想性**が現実化されるのです。

この意味で、求め・探し、そして出会うということは、客観的もしくは実質的には、『生』の幅広さのなかに生起する**必然のこと**です。主観的もしくは現象的には偶然のことのように感じられても、『生』はタナボタ（「棚からぼた餅」）というような偶然依存のなかでは実らないものです。（ここに照らしてみれば、『根性主義』や『ガンバリズム』が心身や自他関係にいかに深い亀裂を生み出すものであるかということが、よくわかると思います。これはまた『ヒドゥン・カリキュラム』(hidden curriculum) という言葉でも説明できます。）

だとすれば、Kさんが求め・探し、そして出会うことを、一つの場所、一人の人、一つのことに最初から求めるのは無理な相談です。

重要なのは、いろいろな場所で、いろいろな人とのかかわりを創ることです。その過程で、そのかかわりのなかで良かったことをつないでいくことです。そのなかでこそ、一つの場所を定め、一人の人の登場を受けとめていくKさんが登場してくるのです。こうなったとき、Kさんの言う「戻る場所」「慰めてくれる人」は、転じて『Kさん自身が創り、生きる場所』となり、『Kさんと共に生きる人』として登場してくるのです。

7　自己を発達論的に見る

これは、発達論的に見ても合理的なことです。

端的にいって、自己の心身のなかに育つ**『多面的な自己』**は、心身の躍動を通じて開かれていきます。そしてまた、それらを統合して世界と向かい合う**『統合的・統一的自己』**は、その躍動性を結晶させたものであると考えられます。

このことを、発達段階に対応させて、もう少し丁寧に追ってみたいと思います。私の認識では、概略次のようになります。

●『幼児期』

この時期、子どもは気楽な甘えを軸にして、世界を心身に取り込んでいきます。そこに拓かれるものは、『安心』に結晶した楽しさや嬉しさです。一般的には、親子関係を中心にしてそれが行われていくと見てよいでしょう。もちろん、保育園や幼稚園、地域でのさまざまなかかわりも、そこに絡まってきます。いずれにせよ、『安心』の基本土壌はこの時期に拓かれていくものと思われます。それは、世界に対する**『基本的信頼感』**とも呼ばれるものです。そして、大人の知性は、この基本土壌を創ることができるかどうかというところに現れてきます。

●『少年・少女期』

さらに、『少年・少女期』には、それがもっと活動的に社会と未来に開かれ、求められていきます。とりわけ、同世代間の友人関係を通じて、それは行われていきます。そうして、多面的な世界とふれあい、自己の内面（emotion & body & intelligence）を多面的かつ相補的なものに耕し、自分が生きていく社会と自己への信頼感を固めていきます。裏返して、それを崩しうる様々な社会的要因や自分の心性の一面との出会いを重ね、超えていきます。**身体的な活動を支えにしながら世界を探索**し、**自他の世界を共向開拓**していきます。社会の多局面と自己内の諸局面をかみ合わせ、『生』の厚みを築いていくこの時期は、だから、ギャング・エイジとも呼ばれるのです。

●『思春期』

こうして間もなく、この土台に支えられて、思想世界に輝きの満ちた『思春期』がおとずれてきます。そこでは、彼・彼女は自他とのかかわりに対してより深い親密さを求め、心身の知性をそこに織り込もうとしていきます。典型的には、「親友」や「恋人」というような具体的対象に向けての**親密な関係に収斂**させていきます。そのような密度の高い精神的関係のなかに立つことのできる自分を求めていくからです。そしてまた、自他の異質性にも直面し、そこでの**優越感や劣等感を思想的に超えていく**のです。

彼・彼女は、こうして知的な心身を自分のちからで開拓していこうとします。その試みの過程の一面は、際限のないおしゃべりや、（一見枝葉末節にとらわれた）反発、異装などの見かけ（見せかけ）の変身の試みに典型的に見られるところです。ですから、この時期に生きる者は、一見不合理、軽薄、あるいは無意味なところに熱くなる、という特徴があります。しかし、それは**真の価値追求・価値探索を進める姿**の一面です。そこをくぐりながら、深浅あらゆる層にわたる合理性やものごとの重みや確かな意味をつかみとっていこうとしているのです。それだけにまた、常に観念の引力に吸い込まれていくリスクももっているのです。

こうしてこの時期、彼・彼女は、一つの場、一人の人の世界に分け入ろうとし、またそうする自分を受けとめようとしながら、自分を育てていくのです。そのような場と出会える、そのような人と出会える、そのような場をそれとして見て取ることのできる、そんな自分を登場させはじめるのです。

●『青年期』

そして、もし、各段階で喜びあふれる自分の登場に出会えなかったなら、『青年期』に至ったいまこそ、その出会いの脚本を**『青年期的理知』**で編みなおすこともできるのです。そのような歩みの積み重ねを演出することもできるのです。

たとえば、「私には私しかいない」とKさんは言います。しかし、それは、ほかならぬKさんがそこにいるということです。それは、『生』の主体としてのKさんの自己認定でもあります。そして、そこには、水準の問題はあるにせよ、Kさん自身の独立性が保持されているのです。さらに、だからこそ、そこには**「相手には相手の世界がある」**ということも含まれてくることを認識する必要があるのです。

このような発達の筋の上に視点を置いていえることとは、相手の『独立性』を、Kさんの理知において認めていく必要があるということです。それが、関係の基本原則です。その原則を、「こだわって」踏襲していくことです。この「こだわり」によってこそ、「私には私しかいない」という言葉は、次のように変質していくでしょうから。

「私には私がいる。が、私しかいないのではない。私のなかには多くの私が生きている。そこにつながる多くの他者《ひと》が生きている。」と。

こうして、Kさんの『孤立感』の実相は『独立性』であり、それは嘆き哀しむものではなく、誇るべきものであるということが分かっていきます。私のいう『自己内他者』『多面的自己』の構造は、これらの世界を受けたものです。『青年期』は、このように、理知において世界を問い、自己を再創造することへと向かうことのできるときです。

8　「他者《ひと》の独立性」を見る

蛇足ではありますが、さらに加えて言いたいと思います。

当然のことですが、一つの場所、一人の人は、Kさんに丸ごと適合して成り立ったり登場したりしているのではありません。そこには、Kさんとは別の『生』の筋が厳然と存在しています。ですから、Kさんの『生』の舞台に登場する、**いわばワキ役もまた、ワキ役という名の主役でもある**のです。このことを忘れてはいけません。

これこそが『生』の舞台であり、『生』のストーリーです。そこにこそ、相互の『生』の共有関係が模索され、また相互の『生』が絡まり合い、新しい『生』の開拓が試みられていく、という**共存・共生の筋**が成り立つのです。

こうした関係のなかに、一つの場所、一人の人を見出すことができたとき、Kさんの認識のなかには『他者の独立性』がしっかりと受けとめられていくでしょう。そして、その時その場は、Kさんが『生きて創る場』になっていくでしょう。また、その人は、Kさんと歩むKさんの人生の創造的パートナーの一人となっていくでしょう。一時的なものであろうが永続的なものであろうが、です。

こうして、Kさんはさらに自分の人生創出に一歩踏み込むことができていくでしょう。

そして、そこに明らかにされていくのは次のことです。

Kさんが「裏切られた」と感じたのは、実は「裏切られた」のではないということです。Kさんの世界とは異質な**他者の独立性**が、Kさんの期待や行動的関与によってハッキリと見えてきたということです。そして、この関係事実を正面から受けとめることのできる段階にまで、Kさん自身が到達しはじめたということです。

これは、Kさん発の新しい一歩が展開される足場がここに創られた、ということを意味します。とすれば、いよいよ新しい共同関係の成立が展望されるところ、そこがいまのKさんの立脚点だということになります。

X 「言葉」を語る世界を探る

1 『屈辱感』の背後の三段階（その一）　（読書：第21日）

いよいよ、最後の「言葉」の問題です。Kさんの『生』の世界を肯定する〝団子の串〟をここでも貫き通すことができるでしょうか。もう一度、確かめてみたいと思います。最終テーマとして出されている「言葉」の実相、「語る」ということの実相は何なのかについての論究が、最後の〝団子〟です。

Kさんは、次のように述べていました。

「事実を語ることに、なぜ屈辱を感じるのだろう？（屈辱…とも違う）自分の語ることに対して自分が抵抗して、（上手く表現が出来ないけれど）自分の内部に全く相対するバックファイヤーが生じる。それが吐き出すような言葉となる。その言葉の強さに、一層あおられて激しくなるのは自分の言葉。しかもそれが向くのは、自分にとって大切な、近い人々。気のおけない人々…。」

ここで、Kさんは「事実を語ることに屈辱を感じる」と言います。それなのにまた、「（屈辱…とも違う)」とも言います。感触にズレがあるようです。このズレの感触のなかにこそ、新旧のKさんの交替劇があると私は見ています。だとすれば、問われるべきは、Kさんの持つ『屈辱感』の内実(その構造)です。そこで、見てみます。

第一は、**『屈辱感』の正体**です。それは、以下の**三人のKさん**相互の間に生まれた葛藤のなかにあるものです。その三人のうちの二人は、Kさん自身がすでに見据えているものです。

①一人は、他者《ひと》の視点に囚われ、自分の視点の上に立てなかったKさんです。
②さらに、二人目は、他者《ひと》の視点から言動を発してしまったKさんです。

この二人の関係があるから、「自分の語ることに対して自分が抵抗して」しまうのです。

この読み解きに、もう少し踏み込んでみましょう。(三人目は次節で述べます。)

①の「他者《ひと》の視点に囚われ、自分の視点の上に立てなかった」というのは、その言葉どおりのことです。すなわち、ある「事実」を受けとめるKさんの視点は、Kさん自身のものではなかったということです。その「事実」と向かい合うとき、Kさんは、相手の視点に囚われて相手の期待値に自己を縛りつけていました。そして、その結果として、Kさんのなかには、切り離しがたい抵抗感や敗北感が生み出されたのです。さらに、それが『屈辱感』の檻として、Kさんの感性にかぶせられてしまったのです。

したがって、Kさんの『屈辱感』の正体の一面は、その「事実」の内容を自分の視点から汲み取ることができなかったことへの『抵抗感』であったと思われます。また他面は、その「事実」について自分の言葉で語ることができなかった、そんな自分に対する『抵抗感』や『敗北感』でもあったと考えられます。

そうだとすれば、そこには、きわめて妥当な自省が働いているといってよいでしょう。が、同時に、その自省に基づく行動判断は未熟であり、稚拙であり、過去の感情に支配されたものであるともいえます。「吐き出すような」、また「あおられて激しくなるような」言葉なのですから。

この未熟にして稚拙なるものの構造こそ、私が出会ってきた少なからぬ若者たちに共通のものでした。たとえば、「これまで一度も自分で自分についての判断をしたことがなかった」と自分を責め、ささやかにして無邪気な行動へと自らを煽《あお》り立ててしまう姿がそれです。あるいは、対象や状況との合理的関係を問わずに意を貫こうとし、その不合理を問われると「私が悪いと言うんですかあっ！」と叫ぶ姿がそれです。それによって、敵対関係を激化させたり、時間展望を棄てたり、あるいは不信感を強化したりしてしまうのです。それは、**『生の閉塞』**です。Kさんの場合には、そこに**『自己防衛の理知』**が強く作用していましたが。もちろん、これは感情に包まれた状況が生み出した問題です。それゆえに、Kさんの意識の上にはのぼり難かった問題です。

2　『屈辱感』の背後の三段階（その二、三）

これに加えて、はるかに重くKさんの意識にのしかかってきたのが、②の、Kさんが**他者《ひと》の視点から語ってしまった**という「事実」です。**語りの「事実」**は、よくも悪くも、自分の内外から自身を枠づけていってしまうものです。ですから、Kさんが他者《ひと》の視点から語ってしまったという事実は、自らが「語ること」によって他者《ひと》の視点の上に立ってしまった〝証拠〟を自ら生み出してしまった、ということにもなるのです。しかも、それを自らに突きつけてしまった、ということです。また、他者《ひと》にそのような見方をさせてしまう根拠を自ら作ってしまった、ということです。

これは、主体性ある者には耐えがたい『屈辱』です。自らに対する激しい感情的反発を招かざるをえません。ですから、Kさんの場合のように、「自分の内部に相対するバックファイヤーが生じる」ことになってしまうのもやむをえないことなのです。

それだけではありません。この表現スタイルによって、さらに厚い枠のなかに閉じ込められた第三の自己が、Kさんのなかには現れてきたのです。

③その三人目は、状況としても、自らの語りの「事実」から逃れられなくなったKさんです。

『屈辱感』に囚われたこのKさんは、その語りを他者《ひと》に向けて「強く」表現してしまいました。そして、そうした自分を責め、また責められた自分を受けとめることが辛くて、なお感情表出を攻撃的にくり返していきました。しかも、「大切な」「近い」、心を許せる他者《ひと》にそれを向けてしまう自分に、一層の屈辱感を抱いてもいったのです。それが、第三のKさんでした。

とりまとめていえば、このような三重層（三重奏）が、Kさんのなかに根深い被支配感や従属感を生み出していったのです。またそれらを強化し、さらにはKさんのなかに屈辱感を生み出してしまったのです。しかも、内面には被支配感や従属感に対する拒否感があったからこそ、Kさんの情動は**消極的な自己否定感**ではなく、**激情的な屈辱感**となっていったのです。

ここが重要です。拒否感という積極的要因があればこそ、屈辱感は激情的に湧き立ち、かつ表出されたのです。それは、Kさんにとっては耐えがたいほどの心理的あつれきとなったはずです。が、また逆に、Kさんの自己の解体・再編への願いと可能性、そして現実性を、それによってよりいっそう明確にしてもいったのです。

こうして、ここでもまた、これまでの二重構造がKさんの歩みの事実として貫かれています。

3 『屈辱感』から『展開感』へ　（読書：第22日）

とすると、第二に論ずるべきことは、「(屈辱…とも違う)」というKさんの感触の内実です。なぜ、「(屈辱…とも違う)」と感触したのでしょうか。その理由は、「事実」との関係にあるようです。次の三つのことが考えられます。

第一は、**『語る自己』への転換**の開始です。これまでのKさんは、屈辱を感じても何も語らずに、それを自分のなかに閉じこめていました。その屈辱感は、語りようもないほどに自己を内側から拘束する大きな要因になっていたようです。しかし、少しずつではありましたが、Kさんは具体的「事実」に目を向け、そこに立脚した対話の舞台に立って、「事実」を自ら語ろうとしてきました。それは、**「受動のなかの動」**とも言える能動の世界です。

とすれば、そこには『能動』的な自己の感触があるはずです。そして、そのような『能動』的感触が、Kさんに「(屈辱…とも違う)」と言わせているのではないかと考えられるのです。

第二は、認識した「事実」を言葉で表現する際の、身体内外の感触のずれです。それは、あたかも、自分の声をレコーダー再生音で聞くときのような違和感です。身体振動と空気振動との共振を通じて鼓膜が受けとめるのと、再生音を空気振動を通じて鼓膜が受けとめるのとの条件の違いがもたらす感覚のズレのようなものです。その区別と統一が感覚上で行われる機会がなかったために、強く表出されてくる違和感が「(屈辱…とも違う)」と言わせたのかもしれません。だとすれば、このような違和感は、日常のなかでの『繰り返し』によって、容易に消え去っていくでしょう。『馴れ』によってです。が、第三は『語る』こととつながって現われはじめている、Kさんの**『生』の世界の転換・転質**によるものです。つまり、Kさんが自己を対象化しはじめた、ということによるものです。しかし、まだその方法に、Kさんの感性はなじんでいないようです。これまで自己を感情的に抑圧してきたKさんにとって、自己を対象化して語るということは、難題だったようです。ですから、このような違和感が生じたのだと考えられます。

一方では、他者《ひと》のまなざしに囚われ、またそれを怖れてきたKさんです。感情的に自己を防衛し、感情噴出のカタチで自己主張を図るのは、当然です。が、他方で、それでもなお、自己の対象化に踏み出しはじめたKさんが、ここにはいます。冒頭のメモが、その実証です。このように、**対象化**によって自己内を切り分ける理知のちからが、Kさんに「(屈辱…とも違う)」というものを感触させ、さらにつぶやきとして言語化させたと考えられます。

ということで、この三つのいずれかに沿って、あるいはそれぞれの重なりのなかで、未来に向かって一歩踏み出したKさんが、ここにはいます。それが、「(屈辱…とも違う)」という感触の内実だったのではないでしょうか。

4　『自立』概念の登場

しかし、これでは解釈レベルの『安心』を引き出そうとするにすぎません。まだ、リアリティーに欠けています。そこで、もう少し間口を広げて、語り加えておきたいと思います。Kさんの一歩を現実のなかに拓くために。

Kさんが歩んだ揺れの過程は、すでに述べましたように、思春期の若者たちによく見られる姿です。彼・彼女らは、重要なことを安易に語ることはしません。そこには、いく重にも重なった恐れ（怖れ）があるからです。その一つが、「自分が語った」という事実によって自分の明日が縛られてしまう、そのことに対する恐れ（怖れ）です。しかし、それは必ずしも否定的・消極的なことではありません。そこには、**自立への志向**も確としてあるのです。自立への志向が高まるからこそ、世界の広がりに対して相応の責任を持とうとする心性が働いていくのです。しかしまた、それゆえに、明日の自分が自ら期待したイメージにそぐわないものになってしまうのではないかと怖れてもいくのです。さらに、それが他者《ひと》の前に暴露されるのではないかと恐れてもいくのです。こうして、社会に対しても、未来に対しても、そして自己の深層に対しても、対応できる自分（真の『安定的自己』）を求めているがゆえに、逆に恐れ（怖れ）が深まり、沈黙を重ねていくのです。

ですから、その他方で、思春期の若者たちは、仲間意識さえできれば何でもアケスケに語るという一面もっています。しかし、それもまた、仲間としての**存在証明・メンバー証明**をあがくように求め、離脱防止策の試みをしているかのようです。見かけのアケスケな表現とは裏腹に、不安ゆえの甘えや依存や怖れを、その思いの中に分厚く内包させているのです。そうしながら、彼・彼女らは、一面では『語る』自分を創っていこうとしているのです。そして他面では、語りのなかで、際限なく自分を慰め、弱い自分を隠していこうとしているのです。そうしながら、表裏の両面から自分の世界を固めていくのです。

こうして彼・彼女らは、**『自律的な自己』**と**『依存的な自己』**を絡まり合わせ、その統一体としての**『自立的な自己』**を立ち上げる道を探っていくのです。創っていくのです。ですから、私は彼・彼女らに次のように呼びかけたいと思います。

『自立』とは、自分だけの世界に閉じこもることではありません。誰の力にも依存しないということではありません。『自立』とは、社会的関係における諸条件のつながりを理解し、それとの関係で必要に応じてヘルプを求めることのできるちからをもつことです。そして、必要なときには他者《ひと》のちからに依拠して、自分の納得（生の喜び）を心身に収めることです。もしくは、それにつながる事実を生み出すことです。」と。

こうしてみると、語ることによって感じるというKさんの『屈辱感』は、他者《ひと》の視点に呑み込まれた自分自身に対する屈辱感なのでしょう。が、「(屈辱…とも違う)」というのは、そこに表現主体としての自己成長の感触を得ているKさんの**『達成感』・『展開感』**であるといえるでしょう。

そうだとすれば、その扉をもっと大きく開くためにはどうするか。その扉の向こうに、どのような「事実」を創るか。そのような問いが、いま、私に向けるかたちで、実はKさん自身に向けられているのだと言えます。

(読書：第23日)

5 「事実」とは何か

Kさんの生きる世界をこのように読みとってくると、さらに問わなければならないことが出てきます。それは、「事実とは何か」ということです。ここからもまた、「(屈辱…とも違う)」という世界が解明できます。遠回りになりますが、見てみましょう。

「事実」とは、**感じ、考える者にとっては**、次のようなものです。

- **眼前におかれたのっぴきならない体験的状況、これも「事実」です。**
- **印象として受けとめたものが、内化され、印象強化すべく認識の中に生きているもの、これも「事実」**

です。

・体験的もしくは印象的に受けとめられたものが、言葉や形象として構成され、他者《ひと》に伝達しようとして再編されたもののなかに生きているものも、「事実」です。

これらは、いずれも「事実」です。ただ、それが認知主体の内部にどう入り、主体にどう知覚されたかというところで、「事実」は『そのもの』（実体・実態）とは違ってきます。そして、実際のところ、「事実」が次々と語り伝えられるにしたがって、受け取る者のなかに成立する表象（イメージ）は違っていきます。場合によっては、部分的な「事実」が総体としての「事実」として誤解されていってしまうことさえあります。「事実」は「事実」のはずなのに。

思春期の心性は、まさにこの狭間で葛藤しながら、両者をつなぎ、分析と総合のダイナミックな方法論と対面していくのです。沈黙と饒舌《じょうぜつ》の間を、さらにはつぶやきと叫びの間を往き来していくかのように。そして、言葉と言葉、言葉と感情を精神世界に知的に結びながら、青年期を構築していきます。それゆえにまた、言葉は「事実」から限りなく離れてなお生きていく、ということになるのです。

6　「事実」を語り、離れ、再生する

こうなると、**「事実」を語ることは、同時に「事実」から離れるいとなみを展開するということ**でもあります。すなわち、語ることは「事実」から発します。が、そうしながらも、内容的「事実」の諸局面を言語によって抽出・再編していくのです。そうすることによって、実在（実際）の「事実」から離れていきます。こうして、「事実」は語り手に依存しながら、語りによって「事実」から遠く切り離されていきます。時間的・空間的・そして精神的な距離をおきつつ。そして、他の事実や論理的密度の高さを取り込んだ受け手の認識と重なりながら、再びリアリティーあるものとして蘇生され、共有されていくのです。

このように、語るということは「あることを伝える」ということを課題にしながら、ある「事実」を言語化することとです。が、同時に、それによって「ある事実から離れる」という自己矛盾を創出し、「ないこと」のなかに「あること」を送りこんでいくことでもあります。それによって、非体験者にも「事実」の一面が『共有』されていくのです。

ですから、逆に、意図的に内容を歪めようと思えば、それを簡単にできてしまうことにもなります。あるいは、否定的情報が介入したら、それによって意味内容が簡単に歪められてしまうこともありえます。「事実」の変質が、思考や理解のなかで引き起こされるからです。（これが、Kさんの陥った落とし穴なのかもしれません。）

ですから、得た情報の正しさをつかむためには、**『論証』**や**『実証』**という検証のちからが必要です。また、それらに支えられたイマジネーションだけを適切な情報として受けとめる『感性』が必要です。（『生活』のパッケージ化、『生活』の生産点からの離脱や隔絶は、それをとても難しくしています。『生命（いのち）』のストーリーが、分断・隔絶・隠蔽・粉飾されているからです。）

このようにして、**語る**ということの難しさと面白さは創られていきます。「事実」を語ることと「事実」から離れること、情報の送り手と受け手とが向かい合うこと、情報表現と意味内容とをつなげること、『論』や『実』（事実・実態）とイマジネーションとをつなぐことを通じて。こうして「事実」にかかわり、分析と総合を重ねて認識形成を図るというところに、また、それぞれの間に生じる矛盾を統一しようとするところに、人間の知的いとなみの難しさと面白さがあるのです。（そして、Kさんはいま、これらの矛盾の狭間を歩みながら、自らの人生において、これらを統一しようとの試みを進めているのです。）

7　『真実』とつなげる

では、そのような統一のいとなみの核心は何なのでしょうか。私たちは、何を求めてそのような難しさ・面白さに向かうのでしょうか。

この問いに応えるべく、私たちはある概念をもってきます。「事実」に込められた核心部分を意味する概念です。それが、**『真実』**という概念です。この概念の登場によって、私たちのなかには一つの仮説が立てられていきます。「いかなる事実であっても、それが事実である限り『真実』につながっているはずだ」というものです。もちろん、そのつながりのなかに別物が侵入してしまえば、それは虚偽・虚飾にもなりえます。そして私たちの日常を見てみると、あまりにもその虚偽・虚飾が人工的に作られ、かつ日常を覆ってしまっています。

たとえば、農薬漬けの野菜や型落ち排除の果物から虚飾のファッションに至るまで、いえ、生命の誕生に至るまでもが、人工の触手に侵され、感性はそれに適うように改造させられてしまっているような状況もあります。それによって、『生』の総体が虚偽化・虚飾化されるリスクとつながってしまっているともいえます。だからこそ、私たちは虚偽・虚飾を超えて『真実』を解明するために、「事実」そのものを問い返す視点や方法や論理を手にしなければならないのです。

このような課題を担いながら、私たちは日常を生きています。そして、この課題に応えるちからの獲得を、後世代に保障していこうとしています。その工夫こそが、実は社会装置としてセットされた学校です。が、学校が必ずしも真理・真実を学び探究する場になっていないところに、今日の学校問題の深刻さや子ども問題の深刻さの一端があるといえます。

ともあれ、受けとめられるべきは、『真実』につながる「事実」です。そのような「事実」との向かい合いが、「事実」の重みを意識化させてくれるはずです。それによって、自己への肯定感は徐々に高まっていくはずです。そのような「事実」を語ることは、探究と発見の一連の過程を拓いていくことだからです。

8 「事実」の語りが生み出す転機

そうだとすれば、ここでまた難しい問題が出てきます。『真実』につながる「事実」を語るためには、相応の方法的課題が満たされていなければならない、ということです。それには、二つあります。一つは、「事実」のどこに視点を当てればよいのか、という問題です。もう一つは、「事実」をめぐるストーリーをどのような語りとして組み立てるのか、という問題です。

第一の、「事実」のどこに視点を当てるかという問題は、語り手が「事実」にかかわるどのようなテーマを掲げているかということに支えられています。しばしば出会うのは、語る者の『思い』のみが視点の支えどころになってしまっている、という場合です。それは、「事実」について語っているように見えながら、実際は「事実」をダシにして自分の『思い』を突き出しているだけです。「事実」について語るということは、決してそのようなものではありません。本質的には、**「事実」の深層にある『真相』の語り**を引き出す試みを展開することです。だからこそ、そこに分け入る**『知見』**と**『わざ』**が必要になるのです。そして、それらを身につけるためには、一定の訓練過程を歩むことが必要です。

これらの統一された過程が、**対話・討論・討議**の筋です。これらによって、多様な視点からのアプローチを視野に収め、かつ焦点の定まった探究の筋が共同的に構築されていくのです。

また第二の、ストーリーをどのような語りとして組み立てるかという問題は、内容的なポイントをどう押さえ、どう構成するかという問題です。ですから、「事実」の『本質』を侵害しない語りを工夫する必要があります。また、語ることによって『本質』を解明するということに、そのストーリーが方向づけられていなくてはなりません。しかも、それらを分かりやすく、かつ深みのあるものにしていくということが必要です。

しかし、言うまでもなく、多くの場合、『本質』はまだ見えていません。「事実」は、現象レベルにとどまっています。だから、私たちは**先行経験・先行研究に学ぶ**のです。それを支えにして、自分なりに論究・論及するのです。そして、その深さに及ばないことを痛感しつづけるのです。またそうしつづけるほどに、課題に向かいつづけている自分を確認していくのです。

ですから、ここでは簡単にいくつかの方法上のポイントを確認しておきましょう。

①まずは、「事実」の多層・多極面を気楽に言葉に移し替えてみることです。

②そして、「事実」にかかわるテーマにつながるように、それらを構造として言葉で組み立て、再生してみることです。そこに創造や発見の感触が得られていくでしょうから。

③そしてその上に、その構造を先人の歩みに重ねて検証しながら、確かな裏づけを与えていくことです。
④この上で、改めて「事実」にかかわるテーマにつながるように再構造化を図ってみることです。

「事実」に即して語るということは、このようなステップに支えられてこそ可能になります。また、このようなステップこそが、探究主体を論究へと導いてくれるのです。さらに、これによって、「事実」をめぐる語りは、「事実」から離れてなお、「事実」を生かしていくちからを発揮していくのです。そして、語りの言葉もまた、生活主体と探究主体の共同のもとで、『生活言語』と『専門用語』の分化と統一を重ねながら、語りを支えるちからを拡げていくのです。

このようにして、「事実」をめぐる語りと「事実」から離れる語りは、相互に絡まりあいながら、私たちの思考の密度を高めていくことになります。また『主体』は、それによって、「事実」にかかわる自分の位置（責任）を見定めていくことができるのです。事実の伝達・共有とは、このようなことであると考えられます。

こう考えると、次のことが実践的レベルで明確になっていきます。

①何よりも、いまある『よい面』を拡げて楽しむ。そのことのなかに、知はひらかれていく。
②なぜなら、その過程における『至らぬ面』は、自分の充足課題が何かを明示してくれるから。

③さらに、『悪い面』は、克服課題として、より遠い見通しを支えてくれるから。
④こうして、それぞれの肯定面・否定面は、いずれも『主体』の幅を拡げる支えとなっていく。

私たちはこのようにして、「事実」に立脚した自己を未来に拓いていく『主体』となっていくことができるのです。転換点としての『現在《いま》』を『ここ』に創り、否定を通して肯定を語ることができるようになっていくのです。

9 「吐き出す言葉」を支えるもの

しかし、逆に、「事実」を語ることがマイナスベクトルの上に乗ってしまったらどうでしょうか。そこには、次のような不安がとめどなく湧いてくるでしょう。

「もしかすると、明日になったら今日の『よい面』も崩れてしまうかもしれない。」
「もしかすると、この『至らなさ』はますます拡がっていってしまうかもしれない。」
「もしかすると、この『悪い面』がよりいっそう悪くなってしまうかもしれない。」

そして

「結局、そのような『問題性』に包まれた私は変わることができないのかもしれない。」

このように、不安や怖れはふくらみつづけていくにちがいありません。そして、「事実」を語ることを阻んでいくでしょう。できるだけ「事実」を見ない方向に気持ちを推し進めてしまうでしょう。場合によっては、不安を虚飾で飾り立てるところに追い込んでしまうかもしれません。さらには、虚偽で自分を包み込むことに狂奔させてしまうかもしれません。

Kさんの場合もそうでした。Kさんは、明日が見えないことに怖れを抱いていました。さらには、明日を見ようとしない自らを怖れていました。否定面にひきつけられやすいKさんは、このような至らぬ面や、そこに登場する弱い自分が見えてくることを怖れていたのです。そして、必ずしも実体のないそれらの怖れを払拭するために、「吐き出すような言葉」を発していたのです。まさに「バックファイヤー」のごとくに、です。

ところが、ここには、またしても重要なことが証明されています。そんな自分を向けるのは、「自分にとって大切な、近い人々」であり「気のおけない人々」であるとKさんが述べている点です。それは、次のことを意味していたのです。

何よりも、そのような人々がKさんのそばにいた、という「事実」です。転じて、そのような人々と共にKさんがいた、という「事実」です。Kさんは、そのような人々がいるところを選び、関係を創ってきたのです。ただ、その方々の存在は、Kさんのなかにうまく位置づけられないでもいたのでしょう。まだ他者《ひと》と気楽に向かい合う『わざ』を心身に開拓できないでいた…、そんなKさんでもあったからです。が、また、そのことを自覚し、語ってきていたKさんでもありました。それは、他ならぬ、自分を大事にしようとするKさんが、ここにしっかりと登場していた、ということでもあるのです。このような厚みと確かさが、Kさんの揺れのなかにはあったのです、それが、いまの語りです。

こうして、Kさんの内面的「事実」についての『内面の語り』が押し出したもの、それが私への語りでした。そして、Kさんの私への語りが、今につながる私の語りを引き出したのです。そして、その結果として明らかになったことは、Kさんのなかの肯定面でした。さらには『肯定的自己』としてのKさんが誕生した「事実」でした。

10　『屈辱感』再論——感情の世界と対話するわざを

このように、Kさんの私への語りの流れは、〝Kさん自身が自力で不安を超える〟という「事実」を生み出してきた軌跡と重なるものでした。ですから、この上に立って、『屈辱感』についてもう一度述べてみたいと思います。

もはや、Kさんの言語表出は感情の発露としての「吐き出し」ではなくなっています。世界の意識的構築の試みとしての語りとなっているのです。しかも、その語りは、〝自己中心的な感情に対する主体的批判〟としての語りにさえなっているのです。それは、感情支配に対するアンチ・テーゼ定立の試みとしての語りでもあります。ですから、感情は思考によって屈服させられそうになり、そうなりながらも、それに逆らって息を吹き返そうとするのです。その攻めぎ合いの緊張が、Kさんのなかの叫びです。そして、その叫びが、Kさんの感じる『屈辱感』となっているのです。

たしかに、過去の構造が壊されてしまうということは、アイデンティティーの崩壊を意味するものです。その不安定感が、いまのKさんの『屈辱感』に重なっていたにちがいありません。しかし、Kさんの展開の文脈は、**『破壊完結型』ではなく『再編・創造型』**です。だとすれば、いまのKさんの感触のなかにあるものは、新しい水準の『屈辱感』です。過去を壊すのではなく、新たな未来への道を再編する過程にあるがゆえに湧いてくる、**『再生』の胎動**としてのそれです。だから、「(屈辱…とも違う)」となるのです。

その意味では、Kさんはもっと**感情世界と対話**しながら語りを組み立てることが必要な段階に至っているのだといえます。「もっと自分を大事にしてよ!!」という、Kさん自身への、自己内部からの呼びかけが湧き出しているのです。「(屈辱…とも違う)」という感触からの語りは、そこにもつながっています。そしてそれは、『自己抑圧』への警鐘であり、また『自己創造』への要求でもあるのです。

そう考えると、私たちは新しい方法意識の上に立つ必要があるようです。「思考によって自身を責めるだけではだめだ」ということです。「それだけでは、新しい自己の誕生にはつきあえない」ということです。

大切なのは、Kさんの理知・思考にかみあった感情の筋を、幾重もの感情のひだのなかから引き出し、それをKさん自身が引き受けていくことです。そうしながら、引き受けた感情の流れを思考レベルでひらいていくことです。想定できる喜びや楽しみに向けて。そうしたとき、感情の世界に生きていたKさんもまた、新たなKさんのなかで生きていくことができるでしょう。そうなったとき、過去のKさんもまた現在《いま》のKさんに出会えたことに喜びをもちながら、未来に向かっていくことになるでしょう。そうだとすれば、Kさんに求められていることは、理知が心身の知性として結ばれるような、また、心身の活力があふれ実るような、様々な**社会活動への参画**であると言えるでしょう

ここまでが、いまのKさんのなかに展望できたところです。

（読書：第24日）

11　対決の構図の崩れ

これ以上のことは次の章で語るとして、ここで一つとりまとめておきます。

Kさんは、いまだに、語ることにかかわる次の三つの世界の攻めぎあいのなかにあると思われます。

第一は、「Kさんの『事実』が語る世界」です。
第二は、『Kさんが、自身の事実について語ること』が語る世界」です。
第三は、「Kさんのいまの『事実』に対してKさんのなかの過去の感情が語る世界」です。

Kさんの現実は、これらの三者の対決の構図のなかにあるようです。

このなかで、第一の『事実』が語る世界」は、Kさんのプライベートな（もしくは体験的な）「事実」であるがゆえに、私には見えません。だから、それについて述べることはできません。しかし、第二の『Kさんが、自身の事実について語ること』が語る世界」は、私との対話のなかで前面に押し出され、Kさんによって構築されてきた「事実」として確認できるものでした。また、私との協同によって、これまでのような論及・論究が可能になったということも、また確かな「事実」です。それが、第三の世界との対話を可能にさせているのです。

もちろん、第三の「Kさんのいまの『事実』に対してKさんのなかの過去の感情が語る世界」も、妥協なく、私たちの対話を壊そうとするかのように押し出されてきてはいました。が、それにもかかわらず、私たちの対話は進んできました。だからこそ、Kさんのメモが現実世界に確かに登場したという、第二の点に着目せざるをえません。Kさんの『飛躍』への地平が、それほどに開かれつつある「事実」を、ここに見ることができるからです。これまで述べてきたように。そして、それはまた、Kさんのなかの三者の対決の構図が、確実に『対立』から『統一』へと転換しつつあることを物語っていると考えられるからです。

分かり易く言えば、かつてのＫさんのなかでは、「事実」が語る世界は、単に『便宜』的なものとして受けとめられていただけでした。そして唯一、Ｋさんの感情を逆なでするような一面だけが、先鋭的に局部肥大化されて、「事実」として受けとめられていったのです。まさに主観的に。この意味で、Ｋさんに届く「事実」は、感情世界を隠す、もしくは逆にそれを噴出させる道具に成り下がっていたにすぎません。

しかし、いまのＫさんは違います。Ｋさんの目は、「事実」が語る世界に向けられています。そして、そこに『生』の大きな足場を創ろうとしています。だから、「事実」に沿って語ろうとするのです。いまのＫさんは、そのようにできるのです。だから、「事実」を語ることに対する「抵抗感」をハッキリと意識することができるようになったのです。そのことがハッキリと見えるところまできたのです。

これは、心理的なきつさとは裏腹に、実は、とても大事なところにＫさんが立っているということを意味するものです。ここには、「事実」のなかの大事なところをつかもうとするＫさんがいます。人生創造の『主体』として自己を登場させるところまできた、そんなＫさんが映し出されているのです。

次の言葉は、その映し出しの言葉です。

「自分の語ることに対して自分が抵抗して、(上手く表現が出来ないけれど) 自分の内部に全く相対するバックファイヤーが生じる。それが吐き出すような言葉となる。その言葉の強さに、一層あおられて激しくなるのは自分の言葉。しかもそれが向くのは、自分にとって大切な、近い人々。気のおけない人々…。」

こうして「大切な」「近い」「気のおけない」他者《ひと》との出会いを、Kさんは築いてきたのです。『語り』を通じて。これが、言葉のなかに生き、言葉を生かしはじめたKさんです。

XI 「劣等感」が消えたとき

1 「知的ちから」への転換――『自己決定権』の保障　（読書：第25日）

Kさんが生きている世界とは、これまで述べてきたようなものだったのではないでしょうか。私は、このように読みとってきました。そして、そこに臨床的にかかわってきました。

『生命（いのち）』の激烈な揺らぎのなかで得られた、Kさんの大きな到達点。それが、冒頭のKさんのメモであると見たからです。そして、その上に確かな一歩が拓かれてきたと見ています。さらには、確かな一歩が展望されたと思います。

では、『生命（いのち）』の激烈な揺らぎのなかで得られた大きな到達点、それが冒頭のKさんのメモであるとしたら、その向こうにはどのような未来が展望されていくのでしょうか。Kさんの問いの焦点の一つは、ここにありました。ですから、展望にかかわるところを述べてみたいと思います。これまでの歩みの結晶と、その具体的様相として。

まず第一は、Kさんのこれまでの歩みの結晶は、端的に言ってどのように展望されるかという点についてです。

Kさんの眼前には、いつの日か、必ずや「劣等感」に支配されてすくみこむ人が現れてくるでしょう。あるいは、「劣等感」を自分から切り離そうとして、必死に、しかも攻撃的に自己を突き出すしかないところに追いやられてきた人が、現れてくるでしょう。現代社会には、そのような人々が、至るところに生きているからです。見えるかたちでその姿を示しているかどうかは別として。そしてその方々は、心中ひそかに、「劣等感」からの脱却の試みを重ねてきているはずです。

ですから、いつの日にかKさんがその方々と向かい合ったとき、Kさんはためらわずにそれらの試みを受けとめていくことができるでしょう。さらには苦悩表出のなかにこめられた、見かけを超えた『生』への願いを読みとっていくことができるでしょう。

いえ、読みとるだけではありません。苦悩表出・表現にこめられた意味を読みとりながら、その人が人生の『主体』として登場していく道を一緒に探っていこうとするでしょう。一歩一歩。そして、粘り強く。しかも、どのような意思であれ、『意思の決定権』はその方々にあることを自覚して。加えて、その人が『自己決定権』を自らのものとするためには、相応の条件を満たさなくてはならないことを妥協なく語り求めて。

(ちなみに、ここでいう相応の条件とは、「自分がこうありたい」と自ら表現することです。あるいは、分からなかったら「分からない」と言うことです。さらには、困ったときには「助けて」とヘルプを求めることです。受けとめ、探ることも、もとより、見えないこの語りを共に確認することなのです。）

これによって、Kさんを支配していたかつての「劣等感」は、転じて他者理解の知的ちからとなって現れていくはずです。最も象徴的には、**苦悩状況に立つ人に対するKさんの深い『共感的理解』として**表現されていくだろうと思われます。それは、言葉だけの、あるいはその場しのぎの対応ではありません。的を射た、未来につながる対応です。そしてKさんの『共感的理解』に触れた他者《ひと》は、共感されるに値する自己の世界があったことを、Kさんを通じてはじめて知っていくことができるでしょう。Kさんのように、自らを励まし、自らと歩むちからを身につけていくことができていくでしょう。いえ、それだけではありません。さらには、Kさんも、そんな動きを創ることのできる自分との出会いに喜びを感じていくでしょう。

こうして、一つの出会いによって、双方の『生』が未来に開かれていくような筋を展望することが、いまここに可能となっているのです。

2　受けとめるちからへ

そうだとすれば、述べるべき第二は、展望されるものの具体的様相についてです。

ふり返ってみますと、長い間にわたって、深く「劣等感」を抱えてきたKさんでした。そのKさんのあがきは、想像を絶するほどに激しいものでした。痛々しいほどのものでした。「劣等感」がもたらす苦悩のリアリティー（人間疎外性）を、一切の妥協なく受けとめてきたからでしょう。それは、「Kさん自身の『生』を賭したものであった」といっても過言ではありません。一歩抜け出そうとして…。見通しのないままに…。

どんなに辛かったことでしょう。

しかし、人間の**知的ちから**は、辛さのなかに自分を浸らせつづけることを許しません。辛さから抜け出し、『平和』の地平へと向かうことを、自らに求めていくものです。が、その際、まずは過去の辛さが増幅されたり、未来の遠さに対する『恐れ（怖れ）』が湧いてくるでしょう。そして、それは、『あがき』として行動化されていくにちがいありません。Kさんにしても、然りでした。そのようなとき、苦悩から抜け出ようとする人が、果たして支えとなる他者《ひと》と出会うことができるかどうか、それがポイントです。

この点、同様の辛さのなかに生きたKさんだからこそ、同様・類似の事態に対面したときには、それを黙視・黙過することはできないでしょう。それどころか、その他者《ひと》の奥深くにある未来に向かおうとするちからに応えていこうとするでしょう。もちろん、これは単なる経験主義の枠内からの語りではありません。くり返し言うように、Kさんの理知を受けとめ、そこに立脚しての推論です。

その具体的様相は、たとえば次のようなものです。

苦悩する人々と対面するとき、Kさんは、きっと「たいへんね」「その辛さ分かるわ」などと言ってやりすごすことはできないでしょう。このような一般論や同調的な対応で済ませることなど、できようはずもありません。同じ苦悩世界に生きた者として、一方では、相手の苦悩を『わがこと』のように感じ、受けとめて（共感して）いくでしょう。そして他方では、その世界を対象化し、苦悩の本質を論理的に探っていくでしょう。そして、深い自己否定感に支配された、その人の内面世界に分け入っていくことでしょう。さらには、感情の揺れに支配されて吐き出される言動の混乱を、Kさんの知性でそっと切り分けていくでしょう。さらには、感情の揺れに支配され封殺されていた相手の理知を、やさしく対話の世界にいざなっていくことでしょう。

そしてまた、**相手の方はそんなKさんと出会うことによって、生きることを『生』の深部から願っている自己と出会うことができていく**にちがいありません。奥深くに押し縮められて小さくなってはいたけれども、確かに生きるちからをもった自己……そんな自己との出会いが、ここに果たされていくと思われるのです。

そしてまたKさんも、最初は、そんな支えの役割をになってしまう自分に驚いていくでしょう。そして、「それが本当の自分だろうか？」と疑いながら、徐々に自分への信頼を寄せていくでしょう。そしてやがては、そのように歩む自分を誇りに思うこともできていくでしょう。

とりまとめれば、こうです。

Kさんのなかの「劣等感」は、転じて、**「劣等感」に支配された者の苦悩を受けとめるちから**として働いていくでしょう。しかも、その深さのもつ意味を、次の『生』への一歩として語り返していくでしょう。さらには、そのような芽を、その人の内側にも育てていくことができるでしょう。

このような筋が、Kさんの日常のなかからにじみ出してくるだろうと考えられるのです。

3　信頼し尊敬できる自己との出会い

もちろん、だからといって「Kさんがこのまま安定的に進んでいくことになるだろう」などといっているのではありません。そこまで単純化することは、一連の過程にこめられたKさんのあがきのステップの重さを無視することになってしまいます。それでは、Kさんの歩みに対して失礼です。なぜなら、いまはまだ、自身にブレーキをかけることを忘れてしまうと、内にこもった『思い』を爆発的に過剰表出させていきかねないKさんだからです。他者《ひと》に対して容赦なく感情表出しかねないKさんだからです。

そしてそれゆえに、またまた合理性のない強迫性へと自己の表現を転質しかねない、そんな危うさをもったKさんだからです。

そうなるのは、Kさんが他者《ひと》の問題をあまりにも自分の感性に引きつけすぎているからです。たとえ、それがKさんの優しさであるとしても、結果として**相手の世界の取りこみ**に感情が動いてしまっているということです。しかし、そのようなリスク（危機）を抱きつつここまで来たKさんです。だからこそ、そこに陥らずに歩んでいく道を、これから自力で拓いていくことができるだろうとも考えられるのです。

そこで、言いたいと思います。

いまのKさんは、もはや、自己を殺して相手に自分を合わせるという陥穽《かんせい》にはまるようなKさんではありません。**相手の願いの焦点と自分の持ち味の焦点とを合わせ、新たな一歩を踏み出そうとしているKさん**です。相手と呼吸を合わせ、歩調を合わせながら歩むことを可能にしつつあるKさんです。そして、それを気楽に楽しみながら、日常のスタイルとして歩んでいく可能性を持ったKさんです。

そんなKさんが、ここにはいるのです。

こうしてKさんは、間もなく他者《ひと》の苦悩に対して豊かな受容能力を発動できる地平にまで到達することでしょう。行きつ戻りつの中で、何回かのリスクをくぐりながら。そのような自己転換がはっきりと予見できるところまで、Kさんはきているのです。

今後、まだまだ揺れはつづくでしょう。が、これから起こりうるであろう紆余曲折は、そう簡単に「否定」につながるものではないはずです。逆に、生じつつある自己の確かさに、さらなる確かさを重ねるものであろうと考えられます。『生』をめぐる確かな出会いの再確認が進み、それを支えていく出会いがいっそう広がると予想されるからです。

私は思います。**「信頼し、尊敬できる他者《ひと》と出会うことのできた人は、信頼し尊敬できる自己と出会うことができる」**と。私のこれまでの実践研究の結論の一つです。Kさんは、いま、その上に立っていると見ています。

（読書：第26日）

4　脱却の方法論の開拓を

こうしてみますと、Kさんはいま、**「劣等感」への囚われから脱却・脱皮するときを生きている**ようです。持ち味としての『こだわるちから』を支えとして、自己を見つめているからです。また、考えることを、意識的に組み立てようとしているからです。

そして、それを通じて「劣等感」ゆえの苦悩とは逆の、新たな喜びの世界への歩みがはじまっているようです。それは、対話をとおした喜びです。Kさんは、これまで、人間の内面世界や関係のありようを、深部から問うてきました。その問い方は、「劣等感」ゆえの『自己否定感』を窓口とし、かつまた推進力とするものでした。ですから、いつも苦悩や不信と背中合わせのものでした。しかし、それは危ういながらも確かな問いであったがゆえに、『知的探究』の基本に沿うものでもありました。だからこそ、Kさんのなかには、これまでに得たことのない喜びが生まれたのです。対話の喜びが得られはじめたのです。抜けがたかった「劣等感」は、いまこうして受けとめなおされているのです。

そのような喜びを得ることは、私たちが何かに支配されるところから脱却していく際の、最も確かな道かもしれません。いえ、**人類の歴史を貫いてきた人間の知的本性**とは、本来このようなものであったのかもしれません。さまざまな辛苦をくぐりながら、平和や幸せを求めて生きてきたのですから。

したがって、Kさんが辛さを受けとめなおすということは、生きる人間としての自分の**『不思議』を問うこと**です。それを通じて、発見と創造を導くことです。これが、主体として世界を拓き、**『Wonder（不思議）をWonderful（喜び）へと転ずる構造』**です。ですから、決して自己を責める必要はありません。

私たち人間は、永い歴史のなかをこんなふうに歩んできたのではないでしょうか。そして、Kさんもまた、その文脈の上にしっかりと立っているのではないでしょうか。こうして、いま、Kさんは『一人の人間として生きる喜び』をつかみつつあるようです。**『知的こだわり』**を貫くちからがあったからこそです。こうして、Kさんは、「こだわって」、劣等感への囚われからの脱却のときを生きているのです。

ですから、重ねて言いたいと思います。

5　「些細なこと」を支えに

Kさんは、これまで「些細なこと」に深くこだわり、自分を苦しめてきました。「些細なこと」だからこそ、それはKさんの「劣等感」に重なるところに、容赦なく侵入してきたのです。そして、Kさんはその苦悩のなかで、「些細なこと」が「けっして些細なことではない」ことを知ってきたのです。一本の針先の限りないささやかさが、張りつめた風船を一瞬にして割ってしまうほどに強力であることを知るように。だから、強度な自己防衛体制を構築することに腐心せざるを得なかったのです。

しかしまた、その他方で、このような「些細なこと」についてのこだわりは、次につながるKさんの一つのちからにもなりました。知的にこだわる能力への転化です。多くの人が見落としがちなことを見定め、その重要性を現実に位置づけるちからです。

そうだとすれば、そのこだわるちからは、これからの自分のなかの小さな肯定にも着目させてくれるはずです。そして、新たな一歩の足がかりを、さらには新たな一歩を、そこに生み出してくれるはずです。こうして、**小さなことの大きな意味**を呼び起こす方法論の開拓が、Kさんの人生において可能になっていくのです。

以上のことは、面白い問題です。

小さなところをうんと大事にするということは、裏返して言えば、大きな否定に対して、当面は視線をはずすことができるということです。大きな否定に目を奪われずに、自分で歩むちからをていねいに開拓していくことができるということです。また、そのようなかたちで、大きな否定とつきあうちからを蓄えていくということです。

さらにまた、これらのことは、**「劣等感」をあえて未来に運ぶ**ということでもあります。したがって、自分を責める「劣等感」と対話しつづけざるをえないところに、あえてこのまま自分をおきつづけるということでもあります。言葉を変えていえば、「劣等感」が自分のなかに湧き立たせてくる**責めの構造**と引きつづき向かい合い、つきあっていくということでもあります。また、そうしていかざるをえない状況にあえて自分をおいていく、ということでもあります。

が、それは、もはや過去に縛られつづけていくということではありません。逆に、Kさん自身の『生』を生きていくということです。そのために、ゆっくりと、丁寧に、「劣等感」とつき合い、その関係構造を解体・再編していく道を歩むことです。そして、その「劣等感」を生み出す構造をも、やがては自分の個性として受けとめていくことができるようにしていくということです。それによって、やがては「劣等感」にとらわれずに、逆に、誇りを生み出す方法論をも語れるようになるということです。

その道を歩むためにKさんがとるべき道は、私の理解するところでは二つあります。

一つは、先述したことですが、**小さな肯定的事実に徹底的にこだわる**ということです。そして、その肯定文脈を自分のなかで編み上げるということです。

もう一つは、Kさんのなかの**否定的事実にも、理知の主張をこめていく**ということです。それは、否定的事実の登場の必然性にKさん自身が立脚していくということです。

以下、この二つに論及してみましょう。

6 『仮面』を活かして生きる

まず、第一の肯定的事実に徹底的にこだわるということについてです。それは、**小さな『肯定的事実』をこの上なく大事にする**ということです。「些細なこと」にこだわってしまうKさんであればこそ、肯定的事実に「些細なこと」を重ねることができるはずです。それによって、肯定的事実の内側のしくみ（構造）を細密に汲みとっていくことができれば、しめたものです。その構造が描き出す多面性をも、しっかりと汲みとっていくことができるでしょう。そうして、それぞれの局面に重なる新たな世界を、実践的に発掘・発見・創造していくことができるでしょう。そう思われます。

なぜなら、そこでは、観念の世界と現実の世界（virtual-reality と actual-reality）が突き合わされていくからです。自己の世界と他者《ひと》の世界とが突き合わされていくからです。それによって、現実から未来へと移行する条件が、共同的に築かれていくからです。

この点については、これまでも述べてきたところです。そこで、ここでは視点を変えて、仮面の向かい合わせの問題として語ってみます。

仮面のことを、ペルソナ（persona）と言います。私たち人間は、折々の状況に対応する仮面をつけて、相互にかかわっています。そして、そのかかわりを通して、人格（personality）を形成していくと考えられます。ですから、ペルソナ（persona）からパーソナリティー（personality）という言葉につなげているのには、記号形態上も意味上も必然性があるといえます。このようなつながりを創った人間の知性は、なんとすごいものでしょうか。そんな感動をこめながら、仮面について少し述べてみましょう。

仮面には、自分を隠すものと、自分を開くものとがあります。たとえば、**笑顔の仮面**をかぶるとき、一方では、それは自分の辛い内面を押し隠し、殺すものでもあります。が、その他方で、笑顔の向かい合いを求め、より深い本物の笑顔を生み出し、『主体』を生かすことを可能にするものでもあります。これは、笑顔の仮面によるつきあいが、現実のなかでは、一方で**『偽』**の世界を深め、固めるものでもあるということです。が、他方では、それを超えて**『真』**のつきあいを生み出していくものでもあるということです。そして、後者の道を拓くとき、私たちは、よりしなやかにして、より確かな人格を形成することができるのだと思われます。

これは、単に「つらさを表情に出さない」ということでは決してありません。避けられないつらさをくぐるとき、それを**笑顔にこめて『精神の自由』を自他に開く**という、方法論的創造の問題です。人間本質の創出・解放・開放は、一方では「つらさを気楽に出す」というところにあるけれども、他方でそれを出す条件がないときには、自らが担いこむしかないという局面もあるからです。このとき、心と身体をつなぐ仮面に着目することが重要になってくるのです。

こうして、**仮面の問題は人格形成の問題であり、人格形成の問題は文化創造の問題でもある**ということになるのです。ですから、この問題の基本的視点は、楽しく喜びあふれる日常を創るというところにあります。そしてまた、その枠は、**象徴**として非日常のなかで焦点的に追求されていくということにもなります。ですから、象徴的には、仮面の世界は芸能文化にまで高められていくのです。

たとえば『能』です。そこでは、動かない表情（『能面』）の陰に身体が隠され、その身体が演じ出されることによって、仮面は『生』の世界を描き出します。あたかも、面の『生命（いのち）』と人間の身体が重ね合わされることによって、舞台に新たな『生』が生み出されるかのように。まさに、演ずることによって、仮面が生きるわざ、仮面を生かすわざをそこに拓いていくのです。そして、そこに人間の『生』の本質を問うていくのです。その点で、『能』は、世界を開く仮面が生かされている一つの典型とも言えるでしょう。

とすれば、**演ずる世界**は、すべてここに通ずるものと見てよいのではないでしょうか。

これと同じ構造が、私たちの生活のなかにおける仮面（ペルソナ persona）にはあると思われます。そして、生活のなかで駆使されるさまざまな仮面の総合・アンサンブルが、人格（personality）として、その人の『生命（いのち）』を日常に開いていくのです。

7　こだわりのポイント

だとすれば、Ｋさんが肯定的事実へのこだわりを貫いていくためのポイントには、二つあります。

一つのポイントは、**笑顔の仮面への探究的なこだわり**をもつことです。そのこだわりが知的探求としての位置を獲得していくとき、「偽りの仮面」は真の仮面として、心身に新しい生命を生み出していくはずです。

それゆえにまた、もう一つのポイントは、心身を仮面（ペルソナ persona）の主体として登場させていくことです。それは、具体的には「どのような笑顔（performance）こそがその場にふさわしいのか?」「新たな世界をひらく笑顔とはどのようなものなのか?」という問いに応えていくことです。現実のなかでの生きた真の仮面、すなわち真の表情を、それらの問いに支えられて創出していくことです。これらは、すぐれて知的ないとなみです。また、そうでなければ、仮面に囚われることになります。

そうだとすれば、自然に笑顔が生じるような場面には、状況に重なる相応の『問い』があるはずです。

「子どもの世界が生き生きと躍動するのには何が必要なのだろうか?」「それらをどう組み立てたら良いのだろうか?」「また、楽しいかかわりをつくるためにはどんな遊びを織り込んだら良いのだろうか?」等々。あそび、学び、そしてかかわり方や出会いなど、多くのことが実践的に探求されているはずです。それに支えられた生の躍動があるはずです。

ですから、私は、その躍動の事実をこそ、Kさんの意識の背後に分け入って解き明かそうとしてきたのです。一貫して他者《ひと》と向かい合うということを求めたKさんがいたという「事実」に依拠して、その試みを進めてきたのです。「他者《ひと》に認められたい」との願いを突き出しながらも、本質的には「自己を認めたい」と願う、Kさんの要求に応えたかったからです。**偽りの仮面**をかぶりながらでも他者《ひと》とかかわろうとしてきた、そのKさんの要求に応えたかったからです。

こうしてKさんのなかに潜在していた肯定的小事実は、少しずつ積み重ねられて、徐々にKさんの肯定面を分厚いものにしてきました。そして、Kさんは、いままさにその到達点の一つの上に立って、私の語りかけを受けとめているのです。

ですから、つづけます。

8 「否定」を「肯定」に転化する

第二は、Kさんのなかの**否定的事実にも『理知の主張』をこめていく**ということです。これまでのKさんは、否定的事実（本当に否定的かどうかは別にして、Kさんの主観のなかでは否定的なものとされている「事実」）にこだわり、それに囚われて、すぐ「いらつく」等の状態に陥っていました。そのKさんが、**いまや、肯定的小事実にこだわるもう一人のKさんと連帯しはじめた**のです。これが、今後の展開を支える基礎です。

だとすれば、「いらつく」ことに対しても、「いらつくに値することだからこそしっかりいらつくのだ」というように、主張がこめられるはずです。それによって、対象に「いらつき」の原因や理由があるのか、それとも自分の視点やセンスに問題があるのかが明らかにされていくはずです。また、それによって、理知の主張が成立しがたいときにはそこには無理があるのだ、ということがわかっていくはずです。それによって、「主張できない」という主張も含めて、主張の組み替えが進められていくのです。

これは、「いらつく」ことも人間の感覚としてまた大事なことだ、という立場に立つことです。自分と他者《ひと》との間の矛盾を意識し、そこに**創造的関係**を創るためには、ときとして「いらつく」ことも避けられません。ならば、大いにそうあってよい、というところから出発してよいのではないでしょうか。Kさんの憤怒につなげて言えば、人間として生きるために、「憤るべきときに憤る」ことは大切なことです。

許しがたい状況のなかで、ためらわずに激しい憤りを表現できることは、それ自体すばらしいことです。また必要なことです。あとは、それを探求の窓口や推進力としてどう生かすかです。（それができなければ、私たちは容易に『感情の奴隷』になってしまうでしょう。トラブル噴出のなかで、人間不信、社会不信に陥り、容易に自己不信に陥ってしまうでしょう。）

この意味で、Kさんが「吐き出すような言葉」を発してしまうことの問題性は、それにふさわしくない時と場でそれを発している、というところにあります。これは、**時と場の組み立て**、舞台構成の問題です。

ともあれ、私がここで強調しておきたいことは、激情的なKさんが脱皮していくための課題は、感情を抑圧・抑制することではないということです。まさに感情の動きにふさわしい場を、ふさわしい機会として活かす視点をもつということです。仮面に重ねて言えば、生きた憤りの仮面をそれにふさわしい舞台で演じさせるということです。そのためにこそ、**笑顔の仮面**や**語りの仮面**など、それぞれが生きる時と場を、Kさん自身が見定めていくことです。これは、知的こだわりなくしてはできません。しかも、それは感情的こだわりを抑圧・廃棄することではありません。逆に、その**合理的登場の保障**をすることです。

たとえば、憤るということは、何かに対する納得できない深い思いを、心身のエネルギーにこめて噴出させることです。が、「いつ」「どこで」「どのように」噴出させるかによって、その行方や作用は全く異なったものとなってきます。ですから、Kさんは感情の主体として、ちょっと理知を生かして、憤るべき時と場を選ぶことです。相応の場を創ることです。そして、相応の舞台で、リアリティーある憤りを表現することです。それは、「現実のなかでそれだけ確かな情動がはたらいている」ということです。また、心と身体が課題に共同で向かい、時空間を心身共同で創造するということです。

9 『自己破壊』から『自己創造』へ

ということで、私は思います。

「生きている者は、気楽に感情表現することの喜びを大いに体験する権利がある」と。しかしまた、「青年期に至るまでそのことを深く阻害されてきた人たちが少なからずいるのも確かであろう」と。そして、青年期に至ってまでその苦しみを抱えざるをえなかった人たちは、まずは、自分の『理知』によってそこにアプローチしていくしかないであろう、と。そしてまた、それは彼・彼女が主体として自己創出の課題と対面していくことでもあろう、と。

矛盾あふれる今日の社会的状況のなかに生きる者にとっては、何らかの疎外状況が生み出されるのは必然です。多くの人たちは、それぞれに相応の発達段階を歩むことを通じて、その疎外状況を突破してきたのです。しかし、そのなかで気楽な感情表現を阻害されてしまった一部の人たちは、青年期に、改めて過去にくぐるべき自己創出の課題と対面せざるをえなくなっているのです。それは、感情的にはとてもつらいことに違いありません。しかし、Kさんは理知に支えられたアプローチのなかで、そのつらさを次第に緩和させていくことができるでしょう。なぜなら、**感情的辛さ**は、理知による説得の論理（＝納得の論理）の構成を通じて、徐々に**知的喜び**に転質していくはずだからです。

これは、ある意味では逃げです。が、決して自己隠蔽的な逃げではありません。**自己開発的な逃げ**です。なぜなら、それは、現実に立脚した関係性を新たな角度から組み立てていくことだからです。それを私たちは、しばしば**チャレンジ**と呼んでいるのです。

このようにして、自他の対応関係は、感情に囚われた**自己破壊的**なものから**自己創造的**なものへと再編されていくでしょう。そして、Kさんはいま、そのようになりつつあるところに立っていると見てよいでしょう。

ふりかえってみますと、これまでのKさんからは、ことあるごとに激しい憤りが放出・放散されていました。同時に、それらはKさん自身によって必死の抑制を受けていました。そうしなければ、Kさん自身の生きていく筋が見えなかったからです。それほどに、Kさんの内面は**精神的戦乱状態**にあったのです。しかし、ときとして、抑制・抑圧のちからは、折々に、憤りのエネルギーによって押し戻されてしまったようです。その結果、憤りのエネルギーを、絶えず漏れ出させてしまったのです。そして、Kさんは、なおそのような状態にあることが許せず、自らの憤りを膨らませてしまったのです。
こうして、Kさんの溜まる思いは、ついつい「自分にとって大切な、近い」「気のおけない人々」に向けてぶつけられていってしまったのです。だからまた一段と、Kさんはそんな自分を許せなくなっていってしまったのです。

10　「精神的戦乱状態」から翔び立つ

こうしてみると、Kさんの憤りの自己表出は、現象的には一律の憤りに見えます。が、実質はそうではありません。それは、対面した対象世界に対応した憤りでした。が、さらに、「自己抑圧」の反動でもありました。そしてまた、さらには、そして何よりもこれが真相だったと思われるのですが、それは『甘え』を欲する激しい感情の内燃爆発でもありました。「甘えたい」、それによって「安心したい」という、渇望エネルギーの屈折表現だったのです。

このように、私の読みでは、Kさんの憤り現象の実相は、『甘え』と呼ぶべきものでした。**「ありのままの自分を認めてくれる人と出会いたい」「ありのままを受けとめてくれる人と出会いたい」という願いの屈折された表現**です。ですから、「吐き出すような言葉」を発していたKさんは、その願いを共有してくれる他者《ひと》との出会いを求める、『旅人』としての自己を表明していたと言えます。

しかし、やはりそれだけではありません。さまよいながらのKさんの深部には、裏返して、自分自身を受けとめ、揺れる自分のなかの『生』を受けとめられる自己を探している姿がありました。この意味で、Kさんの行動表現の実相は、「自分を認めたい」という深部の願いの素直な（?）自己表現でもありました。

しかし、いまからは違います。

これからのKさんは、心身を賭けて、『演ずる』というカタチで、憤るべき時と場を選択・構成していくのです。それによって、いよいよ正当性のある憤りの追究を開始していくのです。すでに、一面ではKさん自身による自分の内面の語り出しという形ではじまっているものでもありますが…。

こうしてKさんは、小さな肯定がいかに大きな支えになりゆくかを知っていくのです。そしてまた、**「否定」が必ずしも「否定」ではなく、「劣等」が必ずしも「劣等」ではないという事実と出会っていく**のです。さらには、自らを「否定的」もしくは「劣等」と断じていたものが、実はKさんの一つの持ち味でさえあったということを知っていくのです。そして、それらがKさんを輝かせてくれるものであることをも、知っていくことになるのです。

こうしてKさんは、いつのまにか、一筋の囚われから離れ、**自己を支える『多文脈』**の上に自己を解き放っていくことになるでしょう。自己の内側から、多面的な窓を開放していくでしょう。そして、そこから**自己の知的分身**を多方面に派遣し、多くの『生』と出会うべく、歩みをつづけていくでしょう。

このようにして、多くの人と語り合うKさんの姿が日常に登場してくるものと思われます。深部で自分自身を認めていくKさんの登場は、このように展望されるのです。

XII　未来《あす》への呼びかけ

1　小さな肯定を大事に

（読書：第27日）

こうしてみると、やはり転機はすでに到来しているようです。そこで、最後に一つのとりまとめをします。そうしながら、さらなる一歩を展望してみたいと思います。

Kさんは言いました。「明らかな、大きな劣等感」は「きっと努力すれば消えるものと思う」と。これについて、私は「消えるものではない」と言いました。また、Kさんは「（これまでの劣等感が）消えてしまえば新たなる劣等感が生み出されるのではないか」と怖れてもいました。これに対して私は、「新たな劣等感は生み出されはしない」旨を述べました。**小さな肯定へのこだわり**と、**否定の肯定への転化・転換**という二つの方法論に重ねることによって。

それは、Kさんの歩みのなかに、大きな転換の構造が生まれる可能性を読みとっていたからです。その構造は、「マイナス五がプラス五に転ずる」という構造でした。私はこれを、**『生の絶対値的転換』**と呼びました。ですから、私はこのように長々と語りかけてきたのです。その視点は、「私たち人間の豊かな能力は、深い疎外状況から自己を脱却させることを飛躍的に可能にする」というものでした。

こうした語りのなかで、私が指摘した点は二つありました。一つは、**「劣等感」は消えるものではない**ということでした。そしてもう一つは、**「劣等感」は『生』の証として肯定的なものになりうる**ということでした。

しかし、「劣等感」とつきあい、かつそれを肯定的なちからにするためには、あがきのなかで**『問い』**を立てるちからが必要です。重ねて、ささやかなことを積極的に大事にするいとなみが必要です。それが、**『努力』**と呼ばれるものです。新しい世界に向かうためには、『努力』が必要です。（現代の若者の文化世界では、『努力』などという言葉はもう死語になっているのかもしれません。しかし、言葉として死化していようがいまいが、文化世界を生きて発達する『生』ある限り、それは消すことのできないものです。）

2　『努力』の焦点

この点で重要なこと、それは、本来『努力』とは「～しなければならない」という強迫的なものではないということです。「こうしたい」「こうしたら、もっと面白いだろう」というような、**『不思議』**へのアプローチと重なるものです。ですから、本質的には**『楽しさ』**の追究と重なるものです。そのような『不思議』の内容と『楽しさ』に重なる方法をかみ合わせるちからを、私は**『理知』**と呼びました。そして、この『理知』が『生の絶対値的転換』の『転換点』に焦点づけられたときこそ、**『努力』**はKさんにとっての『達成感』と『充実感』と『安心感』を生むことにつながるはずです。疲労感や焦燥感や消耗感を生むものではなく、『喜び』を生むものとなり、**『知性』**として実るはずです。これからのKさんの『努力』は、そのようなものとして成り立っていくでしょう。

その**『努力』の焦点**を、簡単な呼びかけとしてまとめると、次のようになります。

- **「小さな『肯定』をうんと大事にしよう。」**
- **「『否定』を消そうとあがく必要はない。」**
- **「あがきにつながるそのエネルギーは、小さな『肯定』を楽しむところに使おう」**

このことを貫いてこそ、確かな一歩はKさんの未来に開かれていくものとなるはずです。さもなくば、Kさんの努力は、「劣等感」を消すところに向けて、空しく注がれつづけるだけになるでしょう。単なる「あがき」として、「劣等感」のなかに、Kさんをますます深く閉じ込めるものとなってしまうでしょう。『努力』は大切です。が、端的にいって、それは自分を大事にしてこそ意味あるものとなるのです。このことだけは忘れないようにしたいものです。このことの上にこそ、「劣等感」もまた『生』の証であり、『生』の創出のエネルギーとなるといえるのです。

3　『生』の深層の多文脈へ

ちなみに、私ごとではありますが、私はこのことに気づいて以降、胸を張って自分に『劣等生』の名を冠してきました。いまもそうです。

小学生以降今日に至るまで、さまざまな面で私と直接かかわったことのある方は少なくありません。そして、その方々は、私が劣等生であったということに、誰一人として異論を唱える者はいないでしょう。特に小学校一年生から高校四年生まで（私は定時制高校にいましたので四年までありました）の私と出会った方々は、おそらく一人残らず、私が劣等生であったことにうなずくことと思います。大学時代もまた、例外ではありません。ただ、一貫してがむしゃらに突き進んだところが唯一の『とりえ』であったといえるでしょう。

ともあれ、他者《ひと》との相対的な関係において、それほどに私の位置は『劣等』を誇るものでした。そして、私はそれを貫いてきました。もちろん、実のところは〝貫かざるをえなかった〟というのが『真実』でしたが。その結果、いまは、自分が劣等であったことを、そしていまなおそうであることを嬉しく思っています。

というのも、劣等生であったことによって、『生きる』ということの深部にまでわたる各層のさまざまな生命の流れに触れることができたからです。いえ、それ以上に、その各層に広がる多文脈にまで、私自身がかかわることができたからです。**『生』の深層の多文脈に生きる多くの方々と出会えた**からです。また、そのなかで、劣等生としての辛さや苦しさが、私なりに身をもってつかめたからです。そして、逃れられない苦しさから自己を遮断するために、自分の感覚を鈍磨させていった歩みさえもが見えたからです。(私のなかに九歳ぐらいまでの記憶がほとんどないのは、その一つの現れであろうと思われます。)

さらには、そのことが自分だけの問題ではないとわかったからです。劣等を否定的に価値づける文化構造に包まれ、そこから脱却できない者がいるということがわかったからです。劣等というのは、ある視点に限定しての名づけにすぎない、ということがわかったからです。したがって、劣等生としての自己認定は、抑圧・疎外された精神が自ら発動した、生きることへの自己防衛体制の一つであったということがわかったからです。

それだけではありません。そのような状況からの脱却の道は多様にあるということ、また、脱却の喜びの大きさは、単に疎外された世界からの脱却の喜びだけではなく、**自己創造**の喜びでもあるということをも、知ることができたからです。あたかも、小さな一本のろうそくが、抜け道の見えない洞窟のなかでは、どんなに大きな役割を果たすのかを知るように。閉ざされた洞窟の岩の隙間からこぼれる一条の光に、『生』を包む世界の存在の確かさを教えられたときのように。それらを通じて、小さな火のもたらす炎の大きさ、隙間からの一条の陽の光のなかに太陽の大きさをつかんだときのように。

これらのことが、学習面にも性格面にも及んで、『生』の事実をめぐる理解は私のなかに大きく開かれてきたのです。

4　暴力体制からの脱却の過程

一例として、私の父と私との関係を述べておきましょう。

私の父は、とても暴力的でした。そして、その暴力性と向かい合いつづけてきた私は、怯えと耐久のために、恐ろしいほどの暴力体制を心身に固めてしまっていました。青年期に至って、ようやく、私はそこからの本格的な脱却の試みを、理知を支えとして開始しました。ときを経て、ようやくそこから脱却できたという感触をえたのは、実に三五歳のときでした。それほどに、父の突き出した暴力世界は、私の心身に滲みこんでいたのです。それに内側から支配されていた少年期・思春期の私でした。今日言われるところの『虐待』による『トラウマ』、それに類する世界の解体・再編を、私はほぼ二〇年間にわたって試みてきたのです。さまざまな支えを取り込み、さまざまな試行錯誤を重ねながら…。

こうした青年期における自己の解体・再編の試みのなかで、はっきりとつかむことができたことがありました。それは、そのような父の性格は、単なる父の個人的性格の問題ではなかったということです。人間性を冒涜《ぼうとく》するような、そんな日常に支配された戦争体験・軍隊生活の筋が、父の内的深層を貫いていたのです。また、総領（長男）であるがゆえに、私的意志を殺して「家」を継ぎ、「家」を守ることを「家父長制」的規範によって宿命づけられた父の人生の筋が、そこに重なっていたのです。さらに、父は、歴史的に形成されたムラ文化と、そこに生きる人々の人情と異端者への恐れの織り込まれた関係のネットワークに包みこまれていました。それらに感情と思考の足をとられて、もつれた心身を暴力的に排出してしまった父だったのです。

これらすべてが、時代状況として、父の人生を内的に構成していたのです。思想的ネットとして、父の人生を包囲していたのです。そのなかで、父は『私的自由』への渇望のうめきや叫びを、あるときは暴力として、またあるときは深い人情として押し出していたのです。それらは表現こそ違いますが、いずれも自己を自己として表現できないことへの全身全霊を賭けた哀しさだったのではないでしょうか。それが、日常に押し出されていた父の「暴力」の正体だったのではないでしょうか。私には、そう読めました。

大学という場で歴史に学び、社会に学び、そして人間の内面について学ぶことを通して、私は『理知』において父を受けとめ直し、新たな水準で父と向かい合うことができたようです。裏返して、自分のなかのトラウマとの体感を通じた対話ができたようです。それによって、父に『共感』することもできました。さらには、父の『生』の深さに『尊敬』を重ねることもできるようになりました。もちろん、私自身の身体と感情と理知とがぴたりと重なるまでには、学びはじめてからさらに十有余年の歳月、三五歳までの歳月を要しましたが。そしてまた、その過程には、学びと探究の筋はもとより、かけがえのないパートナーや娘たちの『生』の支えが常に必要だったのですが。

ともあれ、**こうして、一人の人間の内面にはいかに深層の多文脈が結ばれていたのかを理解することができた**のです。

そしていま、Kさんのなかにもそれに類するものが見えてきているのです。私の『努力』の焦点もまた、Kさんと同様、自他の**『生』の証と対話する**ことにすえられていました。『努力』とは、だれにとってもこのようなものなのではないでしょうか。その内実を、私は至らぬ『理知』で組み立て、そして心身に納得を得ました。ですから、こうしてKさんにかかわることができるのだと思っています。

5 「夢」と「希望」は生きつづける

（読書：第28日）

ここで、再びKさんの世界に戻ってみましょう。『努力』の焦点は、Kさんにおいてはどうなっているのでしょうか。

かつてのKさんは、「優等生」であろうと必死でした。また「優等生」でありました。そして、その位置を必死で守ろうとしていました。また、そうあることを周囲に迫られてもいました。そのなかで、自他から向けられるまなざしに「完璧」に応えようとして、ますます深く「劣等感」に囚われてしまっていたのです。そして、その囚われから逃れようとして、あがきつづけていたのです。そして、一八歳にして自らを語り出しはじめ、ようやくここに至ったのです。

そのなかで、Ｋさんは気づいてきたはずです。

「劣等感」は完璧主義の裏返しであるということを。完璧主義は、強さへの道ではないということを。それどころか、完璧主義は自分の心身の動きをきつく縛りつけ、未来への歩みを阻んでしまうものだということを。この意味で、**完璧主義は心身の動きをきつく縛られた者が展開する、『自己隠蔽』の試みの結果である**ということを。

このことの上にまた、Ｋさんは新たに気づきはじめてもいたのです。完璧主義に囚われてきた者も、ちからの入れどころ・抜きどころさえ見えれば、気楽になれるということを。そうすれば、それはメリハリをしっかりつけるちからにもなりうるということを。

少なくとも、私の前では、Ｋさんはそのような見方をしている自己を語ってきました。だから、いろいろと問いかけてくることができたのです。問いかけることによって、足場を固めなおそうとすることができたのです。そして、私は気楽にそれに語り返してきました。Ｋさんも語りかけつづけてきました。ときには、密かに深呼吸をするように。またときには激しく吐き出すように。そのなかで、Ｋさんは自分の生きている世界と向き合うことを、安心と楽しみの一つとしておくことができるようになったのです。

だとすれば、「劣等感」を意識しているKさんの現在《いま》を、Kさん自身によってしっかりと認めてあげようではありませんか。

劣等な自分であるからこそ、他者《ひと》の意見の奥深くにまで耳を傾けることができるのですから。自分の枠のなかだけで結論を出すことなどはできないこと、そしてその必要もないことを、これまでの歩みのなかで身にしみてつかんできたKさんですから。「劣等感」なるものは、そんな深みのあるKさんの、自分づくりの過程を支えるエネルギーでした。


Kさんについて、単純に言い過ぎたかもしれません。勢いでの語りになっているのかもしれません。しかし、Kさんの悩みは、広く人間の発達をめぐる問題でもある、と私は考えてきました。ですから、ここでチョット息を整えて、Kさんから離れた『劣等』議論も加えておきたいと思います。

6 『劣等』による『発達』を見る

私たちは、だれもが未開発のちからを未来と社会につなげながら、自己の『生』をまっとうしていきます。それらを阻害（疎外）されながら苦悩し、考え、歩みを重ねる過程を織り込みながら。

こうした一連の過程を、人間においては『発達』という概念で、そして社会・文化においては『発展』

という概念で語ります。『発達』も『発展』も同じ（development＝扉を開く）です。この概念は、未来に希望を向けて生きる私たち人間が生み出してきたものです。

また、これに連続させては、「未発達」「発達遅滞」等々の概念もあります。さらに、それにかかわって、『発達』概念それ自体を差別的と見る人もいます。しかし、言葉は単一概念に閉じ込められるものではありません。『類概念』もあれば『対概念』もあります。これらの概念システムを支えに、私たちは未来に希《ねが》いや望みを向け、さまざまな努力や試行錯誤を重ね、文化を開拓していく道を探してきました。歴史と社会に思考文脈を拓く試みを重ねてきました。また、そうしていくでしょう。

この意味で、揺れや自己矛盾を内包しながら練り上げられていくのが、人間の**『知性』**です。言葉は、その支えであり、また結晶でもあります。そして、『発達』という言葉（概念）も、その一つでした。新しい世界の扉を開く試みを重ねる人間の、見えない内面世界への名づけの一つです。

ですから、人間を別の視点から見れば、相対的に『発達』した概念に拠ることなくしては安心できないほどに、人間の精神は強欲《ごうよく》にできているということなのかもしれません。あるいは、問題のルーツは、もっと生理的条件に根ざした単純なものなのかもしれません。高次の精神機能は、私たちの身体の『生』に支えられて成っているのですから。

ちなみに、人間の誕生時の生存能力は、他の動物に比べてきわめて『劣等』です。これは、他のいかなる動物よりも未成熟なままの人間の誕生を指摘した、アドルフ・ポルトマンを引くまでもありません。

この『劣等』の事実こそが、人間の精神に『不安』を呼び起こしたのかもしれません。そうだとすれば、人間は、この『不安』を超える『保護』のちからを**文化**として呼び起こしたのだ、ともいうことができます。そして、それを超えることを願うちからである『夢』や『理想』を自身の内に呼び起こしてきたのかもしれません。だから、私たちはおかれた条件のなかで、『夢』や『理想』を文化的指標として立て、生きる過程にさまざまな工夫を折り込み、独自の文化を創出してきたのでしょう。

人間の『劣等』世界には、これほどに、未来に開かれたダイナミックな構造があります。私には、そう思えてなりません。

7　『生』の深さの真理性

このように、人間の『生』をめぐる歴史的・社会的特徴にまで私たちの視野を拡げたとき、私たちは、劣等ゆえに開拓されてきた人間の文化の豊かさを知ることができます。ですから、劣等であることは決して恥じることではありません。また、劣等なる自分を責める必要もありません。『劣等』は、未来と対面し、未来に向かう者の姿のなかに登場するものなのです。未来を現在《いま》において支える者の姿のなかにこめられた全身エネルギーです。このリアリティーをつかむことこそ、必要なことです。

このような、歴史や社会や個人の心身に響きわたるしくみを、劣等なるものは持っているのです。だからこそ、**私たちは劣等の自覚を通して、自らの『生』の深さを知り、また誇るに値する確かなものを、そこに映し出すことができる**のです。また、それに連続させて、生きていること自体がどんなにすばらしいことであるか、『優等』なるものがときとしてどんなに虚飾に包まれたものでありうるかを、明確に語ることができるのです。ですから、『劣等』という言葉自体を消そうとする必要もありません。このようにいってよいでしょう。

もちろん、裏返して、『劣等』という一つの事実が、象徴的な意味をもって、自らを否定する精神的枠づけになってしまうこともあります。それが、今日の支配的現実です。そして、多くの子どもたちの「どうせ自分なんて…」という言葉は、その支配的現実に包囲され、もしくは取りこまれてしまった哀しさを意味しているのだと考えられます。

しかし、その嘆きの実質の像（実像）は、一見「諦め」に見えながら、実はそうではありません。自分を容赦なく否定するような、そんな状況を突破するパワーを獲得したいと切望する、**人間的要求**の一つの表現です。また、そのような自力突破を保障できるような、強い社会的・知的パワーが醸成されていくことへの要請です。だからこそ、それに呼応できる他者がどうしても必要とされてくるのです。

そう考えると、劣等への囚われの裏側にさえも、人間の『生』の深さを示す真理性があると言えます。自分の心で自分を縛るという形で苦悩し、それを超える自分を求めつづけるのですから。そして、その求めに応えられないときに、一つの評価軸に自己の心身を縛りつけてしまうことになるのですから。たとえば、「私の心は醜い」「意志が弱い」「どうせ私なんて…」というように。しかしまた、それさえも、そのときを生き抜く自己への『生』からの語りともなっているのですから。そこからの脱却を求める『生』として。そのようなことは、他の動物にはできないことです。

このように、良いにつけ悪いにつけ、ものごとに象徴的な意味づけができる人間であればこそ、小さな一歩を大きく誇ることもできるのです。また、夢や希望を持てばこそ、一つの小さな試みに、夢や希望をこめることもできるのです。さらには、劣等と共に生きることを受け容れるところに、自己を転ずることもできるのです。そしてそのとき、ここに、過去・現在・未来を生きる**発達主体**としての自己を見てとることができるのです。そして、ささやかにして確かな一歩を、自分のものとして尊重しながら、踏み出すこともできていくのです。さらに、やがてはその延長線上に、『主体』としての自己を受けとめていくことができるようになっていくのです。このような筋が展望されます。

何とすごいいとなみが展開されていることでしょうか。

（読書：第29日）

8　実質ある『優位』を求めて生きる

このように考えますと、もう、いまのままでよいでしょう。いまのままがよいでしょう。そう思われます。

しかし、「いまのままで（が）よい」と言っても、Kさんは満足しないでしょう。ですから、これまで述べたことを基礎にして、Kさんの完璧主義的な傾向をも活用する筋を、もう少し展開してみたいと思います。

その内容は、決して特別なことではありません。次の二つです。

①一方では、他の方々がためらう課題にあえて自分を乗り出させることです。これは、すでにKさんがやってきたことです。

②そして他方では、他の方々がやれそうなこと（できること）は、気楽に他の方に任せることです。これが、Kさんにできなかったことです。

これまでのKさんは、周囲に対して全面的な『優位』を見せなくては強くなれない、と考えていました。ですから、眼前に出てきたすべてを担おうとしてきました。すべてを引き受け、それらを担うことによって、『優位』に立つ自分を見せようとしてきました。そうすればそうするほどに、『無理』してしまう自分を感じてもいたようですが。同時にまた、そうすることによって、自他をそこに閉じ込めてしまうことを深く怖れてもいたようですが。

そして実は、Ｋさんのなかにはそれ以上のことがありました。それは、**「他の人にも喜んで欲しい」**という、深部に広がる強い願いです。Ｋさんは「強い自分を見せたい」と願う半面で、「他の人にも喜んで欲しい」という願いを抱きつづけていたのです。そして、その願いから離れることができなかったようです。そして、それにもかかわらず、そのような願いをもっている自分にプライオリティー（優先権）を与えようとはしなかったようです。他者《ひと》より『優位』な自分を求める感情の激しさゆえにです。しかも、『他の人にも喜んで欲しい』というような思いを抱く自分は限りなく『偽善』的なのではないか」、という思いに襲われてもいました。

ですから、踏み出してはいるけれども、踏み出した自分に対して、『偽善』的な自己に対する嫌悪感に匹敵する感情をも、抱くことになってしまったのです。そして、これが「劣等感」の重さを一段と増幅させていったのです。

しかし、もう迷いは不要です。

ここまでのしくみがわかると、もはやカギカッコつきの「優位」ではなく、**実質のある『優位』**を求めていくことができるはずです。ですから、今度はあえて『優位』を求めていきましょう。それによって、何が本当の優位かが探られていくからです。他者《ひと》との関係における「優位」ではなく、他者《ひと》と共有するに値するもの、『生』において重要なものとしての『優位』が探られていくからです。もう、そうしてもよい段階に、Ｋさんはきているはずです。

そうなると、ここに生まれてくるのは怖れではありません。「これを取り入れたらどうなるだろうか」という**『期待』**です。やってみたら「それ自体が面白い」という**『発見』**です。そして、その歩みは実証・検証の過程となって、Kさんの世界認識を豊かにしていくに相違ありません。

こうしてKさんは、他者《ひと》とともに課題達成を図っていく道を一緒に探っていくことができていくでしょう。**『生』の次元を自省的なものから社会的なものへと転換していく**でしょう。それを社会的な視点から意味づけると、新たなKさんの登場ということになります。すなわち、限定的にではあるけれども、**「社会的リーダーとしての自己」**を求めていくKさんの姿となってあらわれてくることになります。

またしても、簡単に言い過ぎたかもしれません。しかし、『リーダー論』は、Kさんのこれからの歩みにとって、必ずや必要なものとなるでしょう。ですから、もう少しリーダー及びリーダーシップについて述べておきたいと思います。

9　リーダーシップが生きるとき

Kさんの経験実感のなかにあるリーダー認識、それは「リーダーは、いやでも重たい課題を背負わなくてはいけないもの」というものでした。そして、それは学校生活の様々な面で培われたもののようでした。さらには、同様の構造をもった社会に生きる大人たちや文化とのかかわりのなかで培われたもののようでした。学校を含む競争社会が、その管理構造のなかに子どもや『指導』概念を漬け込んできたからです。そして、そのような観念を人々のなかに植えつけてきたからです。

しかし、リーダーというのはそのようなものではありません。リーダーシップの内容は、実は、生きていることのなかにこめられた当たり前の世界です。すなわち、リーダーとは次の三つの命題に生きる存在です。

①生きることを願う者相互の関係において、**代表的役割**を担う者です。（形式上→実質上）

②だから、**仲間に認められてこそ登場**でき、かつ自らの意志や要求をそこにつなげて生きることのできる者です。（形式上→実質上）

③したがって、仲間の**要求を受けとめ**、さらにはそれらを基礎にして、**より高次な要求を原則に沿って展望**する者です。（実質・本質→展望）

この世界を包摂する質的局面が、リーダーシップです。それは、Kさんがこれまで感じてきたような重荷を感じるものでは決してありません。私たちは、「リーダー」の名を借りた請負人や支配者の姿に目を奪われ、本当のリーダー像を見失ってしまう可能性の上に立っています。本当のリーダー像は、私たちの『生』の要求の中に生きているものなのに。したがって、リーダーとは人間の『生命（いのち）』を支える（もしくは悪の世界に対してはそれを壊す）関係、そしてそのためのルールの不思議と出会う喜びに支えられて生きていくちからの、先進的な担い手なのです。一人でがんばらなければならない、などというものではありません。

ですから、これを命題化すれば、次のようになります。

・「すぐれたリーダーは、すぐれたフォロアーによって育てられるものである。」
・「すぐれたフォロアーは、すぐれたリーダーによって育てられるものである。」

リーダーとフォロアーの関係、そしてこの二つの命題は、二律背反的なものではありません。実質は、双方向的・円環的でダイナミックなものです。対応する課題に興味・関心を向け、とりくみに意欲的に向かう人は、まずはこの上に立っている人です。そして、その課題内容に対する知見やわざを持っている人、また他の人々のために動くちからをもっている人は、立場としての『リーダー』の位置に自らを立たせることができる人です。また、それを求められていく人です。それぞれの持ち味（ちから）が『リーダーシップ』として生きていくからです。それによって、また、新たな意欲は湧き立たせられていくでしょうから。こうして、個人のなかでも、行動と意欲はリーダーとフォロアーのダイナミックな関係として生きていくのです。（このようなちからをもたずに『リーダー』になりたがる人や、なって横暴化・無責任化する人がいるところに、リーダーというものをめぐる誤解が生まれてくるのです。）

そのなかでまた、多くの方々に支えられていることを大事にするちからをもっている人は、その質において**『総合的なリーダーシップ』**をもっている人です。組織論と文化論、そしてそれらに支えられた発言能力や行動能力、対話能力をもっているからです。そして、そのような人であればこそ、またフォロアーの立場に自らを転じさせることもできるのです。相応のステップを踏んではありますが。

ともあれ、このことをとりまとめれば、すぐれたリーダーはフォロアーのちからに推されて登場し、そしてそこに依拠して役割を果たす人です。またそれゆえに、**すぐれたリーダーはすぐれたフォロアーとしても生きていく**ちからをもっている人です。

この視点の上に立ってみますと、「無理をするのはやめよう」「無理をすることが課題なのではない」「自分が無理をするということは、他者《ひと》に無理を強いるということになる」等々が分かっていくのではないでしょうか。「他者《ひと》の要求を汲みとること」「他者《ひと》の多様な要求をつなげ生かすこと」の重要性が分かっていくのではないでしょうか。

10　多くの自他との出会いのなかで

ですから、すべてを引き受ける必要はありません。まずは、限定的な課題の上に立って、リーダーとしてのKさん自身を登場させてやればよいのです。あるいは、限定的な課題の上に立って、フォロアーとしてのKさんを登場させてやればよいのです。これが**『個別課題対応型リーダー』**です。ですから、Kさんの得意なものを柱にして動きを創っていきましょう。あるいは、その課題に見合ったことが得意だという人に依拠して、自分の動きを創っていきましょう。そうなれば、信じられないほどに、これまでとは違ったKさん自身の登場を感じることができていくでしょう。

こうして、かつての「劣等感」は出会いの喜びへと転質していくでしょう。

では、どのようなKさんが登場しているのでしょうか。また、登場していくのでしょうか。少し見てみましょう。

まず引きつづき登場してくるのは、これまでと同様に失敗を怖れるKさんです。が、それだけではありません。そこには、「課題が限定されているのだから、思い切って挑戦してみなさい」と内側から呼びかけてくるKさんがいます。それゆえにまた、それまでとはちがうKさんに出会うこともできます。それが、自己内の呼びかけに応えてふみだそうとするKさんです。当然、そうなるとまた、旧いKさんも再登場してくるはずです。ふみだそうとするKさんを引っ張り戻そうとするKさんです。これまでのようにKさんを強迫的に動かし、他者の目と失敗への怖れを重ね、「完璧主義」的な行動スタイルから離れることを許さない、そんなKさんです。

こうした出会い（揺れ）のなかで、Kさんのなかには、さらに新たな出会いが生まれるでしょう。旧いKさんと対決しながらも、「無理はしないようにしようね」と自身に呼びかけるKさんとの出会いです。さらにはまた、Kさんの緻密な整理のおかげで新たな一歩を踏み出すことができたと喜ぶ人々との出会いです。また、その出会いに喜びを感じる自分に喜ぶKさん自身との出会いです。あるいは、私のように、正面からKさんに批判を向ける人々との出会いです。そしてそのなかで、憤怒を漏れ出させながらげでも理知で対応しようとするKさん自身との再会です。さらには、感情的なズレをひきずりながらかこそここそ言う人や、Kさんの完璧主義に窮屈さを感じてKさんを避けようとする人とも出会うでしょう。そして、それらにいらつき、ときとしてそのいらつきを表情に押し出してしまうKさんとも、依然として出会っていくでしょう。このような多くの自己や他者との出会いのなかで、それらを統合し、未来の自分を支える**『統合的・統一的な自己』**が、Kさんのなかに誕生していくのです。

11　未来《あす》への呼びかけの一歩　（読書：第30日）

こうして、自己内での肯定的な出会いと否定的な出会いの狭間を歩みつつ、その両面と共にその狭間をも自分の世界としてしまう、そんな新しいKさんが登場してくるのです。それぞれの受けとめを視野に収めながら「もう一歩踏み出してみようよ」と自己に呼びかけ、そして明日を拓こうとするKさんの登場です。

さらにいえば、Kさんが踏み出す一歩を受けとめつつ、もう少しゆるやかなKさんを求める人にも出会えるでしょう。そして、その人のメッセージを受けとめ、どこにどう応えたらよいのかに迷い、新たな道を探そうとするKさん自身にも出会えるでしょう。さらには、そんなKさんと出会えた喜びをKさんに届けてくれる方々も、これから確実に登場してくるものと思われます。そのとき、Kさんの内側には、その喜びのメッセージにほほえみ返す、明るいKさん自身の登場が、量質ともに、ますます豊かに認められていくでしょう。

こうして、対話のネットワークは、Kさんの内外でどんどん拡がっていくものと考えられます。拡がりながら、Kさんのなかで統合されていくものと思われます。これまでのような『脅迫的・強迫的』なところに向かうものとしてではなく、『開放的・解放的』なところに向かうものとして。そのような開かれた筋が、いまのKさんのなかには拡がっているのです。私には、そのような軌跡がはっきりと見えています。

ともあれ、このような**さまざまな出会いに支えられた複数のKさんの登場**があるでしょう。そしてそれらとの出会いによって、Kさんの完璧主義は、Kさんの「性格」という閉じた世界から徐々に離脱していくでしょう。そして、**『リーダーシップ』**という開かれた世界へと、その位置を変えていくでしょう。このような開かれた未来が、Kさんの現在《いま》にはあるのです。

これが、Kさんのこれからを支えるリーダーシップのしくみと、予見される具体的な現われです。

12　リーダー像の転換

重ねて、もう少し述べておきたいと思います。リーダーシップとは、人間の**『自立性』**のこととも言えるからです。そして、リーダーとは、自立した人間とも言えるからです。**『自立的な人間』**とは、社会的な関係のなかで、他者《ひと》への『尊重』『尊敬』と『要求』をもって行動できる人です。『尊重』『尊敬』『要求』とは、それぞれが、気楽に、安心して、『平和』な世界を生きていくための支えどころです。だから、さまざまな文化としての『生』をひらく能力を身につけていくことが、それぞれにとって必要となるのです。たとえば、見えるリーダーシップの発動から、地を這うような、もしくは地の底に生きつづけるような状況や内容に従う能力までも、です。また、大胆に異論を立てる能力、当面の合意を尊重する能力、言論で決着がつかないときには行動事実（反暴力・非暴力の）を生み出すことに転ずる能力等々も、です。

ですから、リーダーが担うものを基礎にリーダー像を語れば、次のようになります。

①「前方から引っ張るリーダー」

②「側面からよりそうリーダー」

③「後方からそっと押し上げるリーダー」

この三つです。かつてのKさんは、第一のリーダーの一面に位置していました。そして、そこに自らを縛りつけていました。そのために抑圧的になり、完璧主義的になっていたのです。ですから、「引っ張る」ちからを発動しようとするたびに、他者《ひと》が自分に従うことを求めてしまっていました。その上、他者《ひと》がKさんに従えば従ったということで、「自主性・自発性がない」と相手をなじってしまってもいました。さらには、そんな自分に戸惑い、あわてて他者《ひと》への抑圧を緩めようとすると、今度はただちに自己への抑圧を強めていくことになってしまったのです。さらにまた、転じて自己への抑圧を緩めれば、再び他者《ひと》への抑圧が強まっていってしまったのです。このようなことのくり返しのなかに、Kさんの歩みはありました。

これでは、当然のことながら、心が休まるいとまはありません。精神的なあそびの余地、やすらぎの世界など、Kさんのなかには生まれようもなかったのです。

こうしてKさんは、まさに、自他関係の緊縛状態にはまりこんでいったのです。その結果、自分とは異なった世界に生きる他者《ひと》の現実と自分の現実とを切り結ばせることができず、自他に対して攻撃的になってしまったのです。『攻撃』というのは、現象的には他者《ひと》に向けられるものです。が、同時に、実質的には自己にも向けられているものです。ですから、それが激化されればされるほど、また強圧的に抑えれば抑えるほど、自分のなかで恐れや不安が拡がるのです。だからまた、完璧主義でそれを防備しようと躍起になるのです。

（読書：第31日）

13　進化した『鈍化』へ

しかし、いまや、Kさんの完璧主義は解体されつつあります。そして、共同的な関係に向けて再編されつつあります。自らを語りはじめたとき、完璧主義は、もはや崩れはじめていかざるをえないものとなっていたのです。

となると、これまでKさんが感触したことのなかったものが、ここには出てくるはずです。そのことを、Kさんは予め了解しておく必要があります。さもなければ、その感触のなかにいるKさんを、改めて自らが責めることになってしまうでしょうから。そして、「退行した自分」「だめになった自分」と自己規定してしまうでしょうから。

こうして、新たに登場してくるのは、既に述べたように、『鈍化』したKさんです。私の予見によれば、このまま順調に進んでいったならば、一定の段階で、Kさんは**『鈍化』した自己**を感じることになるだろうと思われます。かつて鋭敏に反応したところに反応できなくなったり、ものごとをし忘れたり、聞き落としたりするというかたちで、『鈍化』した自己は感触されていくはずです。さらに、他者《ひと》に対するリアクションは、目に見えて『戸惑い』や『弱気』を表出するものとなるでしょう。そして、平板な人間関係に埋もれているような錯覚を覚えることになるかもしれません。また、これらに対する激しい焦りも生まれてくるだろうと思われます。それらに対する自己嫌悪も、新たに生まれてくるかもしれません。

しかし、これこそが、Kさんが脱皮していく過程にあるということの証なのです。それは、他者《ひと》の動きに自分を合わせながら他者《ひと》と気楽に対話しようとしはじめているから出てくる感触です。自分の視点からしか応答できないスタイルから一歩踏み出して、相手のスタイルにつきあう幅を持ちはじめた、新たなKさんの登場を意味するものです。相手のまなざしに囚われてではなく、自分のなかにあるものを気軽に表現しようとしはじめていることを意味するものです。したがって、決して『退行』でもなければ、『状況への追随』でもありません。相手と協同するなかで自他が向かい合う方法を探ってきた、一つの到達点です。新たなKさんの確かな登場です。これを、私は**『鈍化』**と呼んでいるのです。

こうした『鈍化』現象は、緊張状態におかれつづけてきた者のなかに、新たな呼応が成立しつつあることの表れと考えられます。だから、『鈍化』した、ちょっと『ぐず』な、それゆえにちょっと『間の抜けた』Kさんが登場してくるのです。Kさんがもっとも嫌い、そして排撃しようとしていた世界の登場です。が、ここでこそ、『生』のポイントは新たに探られていくのです。『平和』の世界に生きるKさんへの転換のポイント探しが進んでいくのです。

そうだとすれば、Kさんの自己に向けるべき課題は、『純化』した自己を大事にしていくことです。『鈍化』した自己に心身をあずけることです。さらには、焦る自己に心身を委ねることです。それによって、他者《ひと》や状況に「引き寄せられ」「引っ張られる」自己が登場してくるのです。が、それは、かって怖れた追従とは違います。そうではなく、他者《ひと》に「寄り添い」、他者《ひと》を「押し上げる」ことのできる自己への転身を意味するものです。安心して他者《ひと》に近づいていき、安心して人が近づいて来ることのできる、そんなKさんの登場です。

14　『理想主義』と『現実主義』の統一へ

ですから、踏み出しましょう。歩み出しましょう。すると、『他者《ひと》』『要求』『尊敬』『尊重』『受容』『関係性』などのキーワードが定まってくるはずです。

『他者《ひと》』に対して気楽に『要求』を。それは、相手を『尊敬』していればこそできることです。相手との相違さえも『尊重』できる**『受容』力**が、そこに生まれるはずです。さらには、未来に向けた『関係性』が、そこに拓かれていくはずです。そして、相手との実際的な関係として、「なるほどね」「でもね」「そういえば」「では、こうしたら」というような基本的な関係が定まってくるのです。それによって、『対話』は確実に深まっていくのです。そして、気楽な『議論』にまで進行していくのです。

こうして、Kさんは、現実創造の動的（ダイナミック）な過程を歩んでいくでしょう。『構想』から『実践』へ、そして『実践』から新たな『構想』へという流れです。**『構想』は未来に向かい、『実践』は現実に向かう**のです。そこに、Kさん自身のものとなっていく現実が生み出されていくでしょう。私なりに整理してみたところでは、そのダイナミズムは『理想主義（idealism）』と『現実主義（realism）』との知的な対決を通じた統一の構図です。ですから、Kさんの歩みは、この両者を統一して『理想』を現実化していく人生の歩みとなっていくと考えられるのです。

こうして、現実のなかにその『構想』を立てるKさんのいとなみは、**現実から未来へとつながる『事実』を創造していく過程**として現れていくでしょう。そしてそのなかでさまざまな人との出会いを生み、その関係が協同的なものとして現実化されていくでしょう。また、そのような出会いによる自己の再編・再生過程を通じて、Kさんの心身の文化は、より密度の高い、共同的・共鳴的なものとなっていくでしょう。そうなっていって欲しいと思います。

15　『誇り』と『尊敬』を向ける自己へ

ここに至って、**『劣等』はもはや劣等ではなく、『生』の証としての確かな事実となる**のです。そして、他の多くの事実の支えとなっていくことが展望されていくのです。たとえば、「自分の方がより劣っている」とKさんが感じるような友人に対しては、「教えて！」と声をかけていくことができるように。さらには、それによってより深くかかわりを築いていくことができるように。

こうして、他者《ひと》のもつ『優位』に**『尊重』と『尊敬』**をもって向かい合っていくようになるのです。さらにはそこを通じて『劣等』と『優位』を超えた**『対等』の関係**を創っていくことができるようになるのです。また、苦悩する方々の内面世界を『一般論』でやりすごすことなく、現実のなかに潜む核心部分を受けとめながら、「こうしてみたら?」と**『原則論』**に沿って、具体と普遍をつないで語り返すことができるようになっていくのです。このような筋が想定されてきます。

こうした一連の社会的なかかわりを構築していくなかで、Kさんのマイナス（否定）とカオス（混沌）の感情は、そのベクトルを転じていくでしょう。確かな前進の推進力と、幅のある開拓力になっていくでしょう。「どうしてそうなるのだろう?」「こうしてみよう」という問いや試みを呼び起こしながら。

たとえ、私とのやりとりのように文章に残らなくても。いえ、むしろ、心身に『生』の事実として結晶していくときには、そのような見える足跡は、残らなくてあたりまえなのです。心身の深層にまでしみわたり、Kさん自身のものになっていくのですから。

こうして、やがて「劣等感」は「劣等感」ではなくなり、逆に、**自己への『誇り』『尊敬』（自尊感情）**に移り変わっていくのです。「なるほど、分かった！」というような声に重なりながら…。Kさんのいまの『問い』につながる筋には、そのような先行きが展望されます。それを支えるちからとしての理知が、Kさんにはあったからです。とすれば、現段階での方法論上のキーワードは、一つだけです。それは、**試行錯誤**です。ここにこそ、Kさんの今後の『生』の展開の柱があると考えられます。

16　一歩の『事実』を

そろそろ、おわりにしたいと思います。

これまで、私は何度も同じことを語り重ねてきました。Kさんのあらゆる局面に、同じ構造が見えたからです。私は、人間の認識能力を拓く方法論的なカギは二つだけだとみています。**『繰り返し』**と**『対比』**です。「事実」に重ねて繰り返すことは、その厚みを汲み取ることです。それはできたと思います。また、Kさんの「事実」と私の理解を対比し、さらに他の方々にもその対比の関係に分け入っていただけるものにしようと言葉を紡いできました。それも、ある程度できたと思います。その結果、Kさんなりにカオスから脱却しつつあることを、ここに示すことができたと思います。そして、Kさんなりにさらに歩みつづけていくであろう、との感触も得ることができました。Kさんの人生はKさん自身のものです。そこが出発点であり、帰結点です。ですから思います。

「さあ、ためらいながらで構いません。一歩の事実を創りましょう。そして、それを重ねていきましょう。Kさんの未来はKさん自身のものです。そのことだけは、ここで確認できたと思います。」と。

どうぞ、豊かな試行錯誤のなかで得たものを対比し、大事なものを重ね（繰り返し）、自分の線を引いていってください。一歩の事実が、それを支えていくでしょう。

17　『二〇歳《はたち》の精神《こころ》』、その後

当初の『二〇歳の精神に』（二〇〇二年）として書いたこの原稿（書き直し前でしたが）を、「改めて、Kさんに読んでいただきたい。」そう考えて、ここまでの文章をKさんに読んでいただきました。『過去』と対面し、『未来《あす》』を語る『現在《いま》』がKさんのなかにあると考えたからです。そして、Kさんは、当時の『現在《いま》』の声をよせて下さいました。冒頭のメモを書いてから六年経ったKさんです。『あのとき』を歩み、『ここ』に至ったKさんからの声をここに掲げさせていただきます。

＊　　　＊

《『二〇歳の精神《こころ》に』、その後》

かつて、赤羽先生が私を評されて言われた言葉、「あなたはコマみたいだ。一見常に不安定に回り続けているようで、実は回ることで安定を生み出そうとしている。」…このスタンスに今も変わりはないと思っています。考え続けることで自分の座標軸を確かめている、そんな感覚を持ちます。

この本に書かれているような、本質的な問いに真っ正面から取り組み、大いに煩悶し、時間を割くことは、若いときしかなしえないことのように思います。実社会に出て、曲がりなりにも社会的責任の一端を負うようになりますと、やはり〝人間関係のすりぬけ方〟と言いますか、己の身を縦にしたり斜交《はすか》いにしながら、色々なことをスマートに避けてかわしていく術が、知らず知らず身の内に堆積していくようです。一種保護された環境の中でこそ可能だった、身幅なりで真っ正面からぶつかっていく、ということが乏しくなります。その意味でもこの本に取り上げられている文章は、その時代の自分の「一コマ」としてノスタルジーを伴って受け止めています。

二〇歳前後というのは、大きな『知の可塑性』を持っているように思います。曖昧さを許さない、狭量されど直線的思考エネルギーをもって、木を荒く削り取るように自己の知の変質・変革が可能な時でした。だからこそ、目の前の事象に対して、非常にセンシティブになっていたと言えます。

今の私は、さしずめ石を磨くように目に見えて大きな変化はなくても、しかし確実に考え続け、自己変革を試みています。それはこの文章に改めて触れてみて、一八歳の頃から迷い、悩み、苦しんだ足跡を布石として、その上に成り立っている…という感覚を、二六歳の私は感じています。

しばし、来し方の自分とゆっくりと向かい合えたような思いです。そして今、この瞬間から、私はまた当時から続いている道の上を、時には軽やかな足取りで、時には歩調を落とし深く考えつつ、時には足も止まりそうなくらい悩み、そしてまた時には駆けつつ、なおも進んでいくことでしょう。そのような道を展望する『今』を、私は生きています。

＊　　＊

こうして、誰もがKさんのように、自分の『生』を未来へと拓いていくのでしょう。誰もが、そうあって欲しいと思います。そして「実社会」に出て数十年後まで、私たちは常に自分の人生の成否を問い直していくでしょう。可能であれば、その時々に、若者たちと語り合いつつ、自らを問い直す人生の上に立っていたいものです。

おわりに

1

たどたどしく、かつくどくどしい語りを重ねてきました。が、とにかく、Ｋさんのメモに応えてみました。Ｋさんと向かい合っている過程では、「これではいけない。もうちょっと気楽に向かい合えないと…」と思ったことも多々ありました。初期の段階では、Ｋさんの苦悩のなかでの絞り出すような全力に、ときとして私の全力が引き出されてしまいそうなときもありましたから。そして、その全力のなかで緊張感のせめぎあいが始まり、わたし自身も、表現する自己を抑圧してしまいそうになりましたから。押し隠してはきましたが、「事実」はそうでした。さらに、「これでは、思春期の激しい揺れのパワーにゆさぶられ、いっそうそれを増幅させてしまいかねない。やばい！」と感じるときもありました。

ですから、そう思ったときは、私なりに工夫して、Ｋさんの感情と対話できる窓を創ってみました。パフォーマンスを演じてみました。席をはずして『間』を取ったり、仕事のふりをして精神的時空間のクッションを作ったり…。これは、一面ではごまかしです。が、他面では、私自身の内に新しい対応能力を開発する試みでした。そして実際には、随分と気長にユッタリと対応できたと思います。また、折々に、一定の緊張感・緊迫感を演出することもできたと思います。

2

改めてふりかえってみますと、ときとして、私も後方に引こうかと思ったこともありました。しかし、Kさんの揺れの深部を汲みとる試みをしない限り、Kさんは納得しないだろうと考え直しました。また、若者たちと向かい合うことを主要な課題とする私たち自身がそうすることなくしては、若者たちの**『自己探索』の旅**にはつきあえないだろうと考え直しもしました。それが、現代の若者との共同課題であろうと考えたからです。

ですから、私の返信は、単にKさんの情緒を安定させるための応答だったのではありません。そうではなく、『思春期』から『青年期』への移行過程における精神的深層をKさんと共同探究するための『対話』でした。それは『知的交流』とも言えるものでした。

その結果、こうして、私なりにKさん（がた）の世界に私の思考を共振させ、一部分ではありましたが、それらの響きを言葉に移し変えることができたのではないかと思っています。改めて、この文章はKさんとの『知的協同』の所産であった、と言いたいと思います。それによって、一つの『青年論』がここに成ったと言ってもよいと考えます。

ともあれ、こうしてまとめたことによって、Ｋさんの、そして多くの方々の二〇歳の頃の、いえ、人生を通じての『知的転換点』の構造がいくぶんなりとも映し出すことができていれば幸いです。もしできていたならば、鏡のなかの**『虚像』**として受けとめていただきたいと思います。そして、あとはそれぞれの手にゆだね、そこに連続する新たな**『実像』**を描き出していただければと思います。

私も、Ｋさんに届けたメモを振り返りつつ、こうして書き直すことによって、私のなかの視点の揺れや論理の粗さをはっきりと自覚することができました。「粗雑な言葉を、よくぞ受けとめてくださったものだ！」と感じたところも多々ありました。もちろん、私自身の視点の再確認ができたところも、いくつもありました。この意味で、多くのことを考え、深め、そして現実のなかに新しい一歩を、お互いに踏み出すことができたと思います。よい『対話』ができたと思います。

3

最後に、お礼を言わせていただきたいと思います。Ｋさんには、早々に冒頭のメモを公にすることに同意・快諾していただきました。また、それだけでなく、本書の原稿を読んでの感想手記を、締めとして寄せていただきました。ありがとうございました。併せて、冒頭のＫさんのメモを読んだ多くの若者たちが、「この気持ち良く分かる！」「ここまで的確に言葉にできるなんてうらやましい！」と言って、Kさんに共感し、私の展開に『納得』してくれました。Kさんの歩みとともに、それに共鳴する多くの若者たちの姿がこの執筆（手紙の書き直し）の動機になったことを、ここに記しておきたいと思います。**若者だけでなく、「中年」「老年（？）」の方々の『生』と『現代』との交叉点**に、本書が成った、という意味をこめて。

この意味で、Kさんのメモは、私に『生』を求める若者の願いの熱さを感じさせ、また多くの方々が内側に抱えていながら言葉にできなかった世界を映し出したものであったと思います。ですから、私のこの『語り』は、Kさんの『生』の願いの深さを、彼・彼女らと確かめ合うためのものであったといえます。わずかながらではありますが、それは果たせたと思います。そしてまた、Kさんもこの対話を通して、自らを見つめるまなざしを、暖かいものにすることができたと思います。

「誰もが、この世に喜びをもって生きる自由がある。その自由をこそ、私たちは『対話』を支えとした学びと探究によって得ることができる。」そんな思いで、Kさんに語りかけてきました。

ここでの語りは、『僕はこのままでは死を選ぶ』（22世紀アート　二〇二一年）における正史君をはじめ、現代の矛盾の中で苦悩の渕に『生きていた』若者たちとの語りを、Kさんとの語りに重ねて『生』の道を探すべく論理化したものです。Kさんには、どうぞ、これからも一歩一歩の重みを大切にしつつ、気楽に歩んでいってほしいと思います。

以上で、「二一世紀は、世界に平和を、社会に対話を、個人に笑顔の幸せを、という時代でありたい」と願いながらまとめた、Kさんへのメッセージを終わりたいと思います。

なお、本書の元の本（『二十歳《はたち》の精神《こころ》に』（川島書店　２００２年））発行時のこの願いは、二〇年後の今、ロシアのウクライナ侵攻の惨禍の報で崩されてしまいました。また三年間に及ぶコロナ禍で、対話と笑顔の日常も少なくなっています。今は、この状況を超えて新しい状況が一日も早く訪れることを願うのみです。そして、この願いのバトンを、孫の栗くんや楓くんの世代の方々に受けとっていただき、新たな未来につないでもらいたいものだと思います。

最後になりましたが、私の思いを受けとめて下さり、デジタル版と本書ペーパー版の刊行を引き受けて下さった22世紀アート出版企画部の久保田純平氏に、心より感謝致します。

（二〇二三年二月二五日）

著者略歴

赤羽　潔（あかばね・きよし）
１９４９年　長野県高遠町に生まれる
１９８４年　東京大学大学院博士課程終了
現　在　山口県立大学名誉教授
著　書　『学級集団の理論と実践』（１９９１年　福村出版）
『子どもとひらく生活指導の実践』（１９９２年　福教社）
『教科外活動を創る』（１９９４年　労働旬報社）
『「脳死願望」の果てに』（１９９８年　青木書店）
『二十歳の精神に』（２００２年　川島書店）
『僕はこのままでは死を選ぶ』デジタル版（２０２１年　22世紀アート）
『Kさんとの対話から〝こころのゆれ〟が語るもの』デジタル版（２０２２年　22世紀アート）他
連絡先　E-mail　fishermankaba@gmail.com

表紙デザイン　赤羽文子

Kさんとの対話から
〝こころのゆれ〟が語るもの
——どんなあなたも、輝くあなた——

2023年6月30日発行
著　者　**赤 羽 潔**
発行者　**向田翔一**

発行所　株式会社22世紀アート
〒103-0007
東京都中央区日本橋浜町3-23-1-5F
電話　03-5941-9774
Email: info@22art.net　ホームページ：www.22art.net

発売元　株式会社日興企画
〒104-0032
東京都中央区八丁堀4-11-10 第2SSビル 6F
電話　03-6262-8127
Email: support@nikko-kikaku.com
ホームページ：https://nikko-kikaku.com/

印刷
製本　株式会社PUBFUN

ISBN：978-4-88877-226-6